JUGENDSTIL IN WIEN
Ein Architekturführer

ANDREAS LEHNE

JUGENDSTIL IN WIEN

EIN ARCHITEKTURFÜHRER

Herausgegeben von
Univ.-Prof. Dr. Felix Czeike

J&V EDITION WIEN

BILDNACHWEIS

„Alte und moderne Kunst“, hrsg. v. Kurt Rossacher, Jg. 19, Salzburg 1974: S. 140
Bildarchiv der Österr. Nationalbibliothek: S. 108, 150, 152, 153, 154 (l.), 155
Bundesdenkmalamt: S. 21 (r. u.), 45, 50 (l. u.) 54, 58, 63, 64, 65, 67 (l. o.), 67 (u.), 103 (u.), 109, 121, 133, 142
Matthias Cremer: S. 23
„Das neue Wien“, Bd. 2, Wien 1927: S. 55
„Der Architekt“, Wiener Monatshefte für Bauwesen und dekorative Kunst V/1899: S. 48; VI/1900: S. 41 (u.), 47 (l. o.), 112; VII/1901: S. 87, 106 (r.); VIII/1902: S. 123 (o.); IX/1903: S. 62, 110, 138, 141; X/1904: 97, 115; XI/1905: 84, 125; XII/1906: 107; XIII/1907: 32, 89, 11, 139; XIV/1908: 28, 30, 42, 44, 56, 93, 94, 105 (r. u.), 132; XV/1909: 128 (r. u.); XVII/1911: 31, 129; XVIII/1912: 13, 46, 131: XIX/1913: 14, 57, 86; XXI/1916–18: 134; XXII/1919: 19, 22, 88, 98 (r. u.), 117, 122, 119 (o.), 135, 137
„Der Architekt Adolf Loos“, Wien 1964: S. 113
„Die Wiener Secession“, Wien 1986: S. 17
Johanna Fiegl: S. 53, 60, 66
Ernst Hausner: S. 34, 35, 38, 72, 73 (o. u. u.), 81, 99
Ingeborg Kitlitschka: S. 61
Andreas Lehne: S. 12, 15, 20, 21 (l. o.), 26, 27, 33 (o. u. u.), 36, 37, 39, 40, 43, 47 (r. u.), 51, 69, 70, 74, 75, 77, 80 (u.), 82, 98, 100, 105 (l. o.), 123 (u.)
MA 37 (Baupolizei): S. 116
Elisabeth Mazanek: S. 49, 52, 59, 76, 78, 80 (o.)
Moravánsky, „Die Erneuerung der Baukunst“, Salzburg 1988: S. 106 (l.)
Verlagsarchiv: 130, 150, 151, 154 (r.)
Otto Wagner, „Einige Skizzen, Projekte und ausgeführte Werke“, Wien 1889–1922: S. 10, 18, 118, 119 (u.), 143, 144, 145
„Wiener Neubauten im Style der Secession“, Bd. 1, 1902: 28 (o.), 95, 126; Bd. 2, 1904: S. 29, 68
Wiener Stadt- und Landesarchiv: S. 26 (o.)
„Zur Geschichte der Aufbahrungshallen auf dem Wiener Zentralfriedhof, Wien 1984: S. 103 (o.)

ISBN 3-85058-026-1

Satz: Werbegrafik, Wien
Druck und Bindung: M. Theiss, Wolfsberg

INHALT

VORWORT

Zur Zeit der Jahrhundertwende nimmt Wien zum erstenmal eine Avantgarde-Stellung in der Geschichte der Baukunst ein: Hier wird ein wesentlicher Beitrag zur Entstehung der „Modernen Architektur“ geleistet. Die Wiener Architektur dieser Epoche ist daher sowohl in ihrem Verhältnis zur gleichzeitigen internationalen Entwicklung als auch im Zusammenhang mit dem gesamten kulturellen Schaffen der Spätzeit der Donaumonarchie zu betrachten, deren erstaunliche künstlerische und kulturelle Produktionskraft erst vor relativ kurzer Zeit als geistesgeschichtlich bemerkenswertes Gesamtphänomen entdeckt wurde.
Wien, Hauptstadt eines 50-Millionen-Reiches, war um 1900 die siebentgrößte Stadt der Welt, deren Bevölkerung in den Jahren zwischen 1890 und 1910 von 1,3 auf 2 Millionen gewachsen ist. Die Stadt wurde 1890 zum zweitenmal in dieser Jahrhunderthälfte erweitert, wobei 44 Vororte eingemeindet wurden. Dieses rasche Wachstum bedingte eine außerordentlich rege und für das private Kapital gewinnträchtige Bautätigkeit. Um den Wohnbedarf der expandierenden Bevölkerung zu decken, wurde ein großer Teil der vorgründerzeitlichen Häuser durch wesentlich höhere „ökonomischere“ Bauten ersetzt, und große Flächen neuen Baulandes wurden, vor allem zwischen dem Linienwall und den Vororten, neu erschlossen. Gleichzeitig mußten auch die infrastrukturellen Einrichtungen, den Erfordernissen einer modernen Metropole entsprechend, verbessert bzw. neu geschaffen werden.
Der beispiellose spätgründerzeitliche „Bauboom“ bildete die wesentliche ökonomische Voraussetzung für die künstlerische Entwicklung, die als außerordentlich komplexer Prozeß nur grob vereinfachend beschrieben werden kann: Die seit einem halben Jahrhundert vorherrschende Stilrichtung des Historismus (der sich in diesem Zeitraum allerdings ständig weiterentwickelt hatte) wird in den späten neunziger Jahren erstmals durch die Einflüsse des in Westeuropa aufkommenden Jugendstils (Art nouveau – Neue Kunst) in Frage gestellt. Die Anhänger dieses eleganten, durch kurvig geschwungenes Linienspiel und weiche Formgebungen charakterisierten Stiles fordern den Bruch mit den überkommenen Traditionen, das Ende der Nachschöpfung vergangener Stilformen und eine ganzheitliche Erneuerung der bildenden Künste. Im Zuge dieser optimistischen Reformbewegung wird in Wien im Jahr 1897 die „Secession“ gegründet (secedere – sich trennen). Mitglieder dieser neuen, in der Reaktion zum etablierten Künstlerhaus ge-

schaffenen ,,Vereinigung bildender Künstler Österreichs" sind unter anderen Otto Wagner und Josef Maria Olbrich. Der bereits als ,,Historist" außerordentlich erfolgreiche Architekt Otto Wagner war 1894 zum Professor an der Akademie der bildenden Künste ernannt worden und hatte im selben Jahr den Auftrag zur künstlerischen Gestaltung der Stadtbahnbauten bekommen, bei denen bereits teilweise die neuen, importierten Formen des internationalen Jugendstils Anwendung fanden. Als Projektleiter des Stadtbahnauftrags hatte J. M. Olbrich sicher wesentlichen Anteil an der Gestaltung dieser Bauten. Er entwickelte sich rasch zur führenden Persönlichkeit der Wiener Jugendstilarchitektur und wurde diesem Ruf auch mit der aufsehenerregenden Schöpfung des Ausstellungsgebäudes der Secession gerecht. Die frühe Phase des Wiener Jugendstils kulminiert in den nur wenig später errichteten opulent dekorierten Zinshausbauten an der Linken Wienzeile.
1899 verläßt Olbrich Wien und folgt einem Ruf nach Darmstadt. Die interessantesten Aufträge gehen nun an Josef Hoffmann, der ebenfalls ein Schüler und Mitarbeiter Otto Wagners war. Unter seiner Führung vollzieht sich in den Jahren nach 1901 jene Wende im Wiener Kunstschaffen, die die Geltung Wiens als eine Geburtsstätte der Moderne begründete.
In einer klaren Abwendung von den dynamischen Schlingformen des westeuropäischen Jugendstils, dessen Ornamentik nicht bloß applizierter Schmuck war, vielmehr das gesamte Körpergefüge des Objektes ergriffen hatte und alles zu einer organischen Einheit zu integrieren suchte, entsteht nun ein neuer puristischer Stil, bei dem der rechte Winkel und strenge schwarzweiße Kontraste dominieren (bezeichnend der Spitzname ,,Quadratl-Hoffmann"). Dieser Ornamentik kommt nun vor allem die Funktion zu, die einzelnen Flächen, deren Materialschönheit zur Geltung kommen soll, zu rahmen, sie damit voneinander zu trennen, so daß alles auf das geometrische oder tektonische Gerüst reduziert erscheint. Maßgeblich für diesen radikalen Wandel war neben Josef Hoffmann sicher auch Otto Wagner selbst, der neben dem ,,Jugendstilintermezzo" zu einem bereits ,,funktionalistischen" Altersstil findet, der seinen schon wesentlich früher veröffentlichten revolutionären theoretischen Äußerungen entspricht: ,,Etwas Unpraktisches kann nicht schön sein." Als weiterer wesentlicher Protagonist der Wiener Entwicklung wäre Adolf Loos zu nennen, der mit seinen bahnbrechenden Publikationen, vehement gegen Historismus und Jugendstil, für materialgerechte, gediegene handwerkliche Verarbeitung und zeitlose, einfache Formgebung plädiert hatte. Zu diesen immanenten

Faktoren kommen auch noch Einflüsse von außen, vor allem aus England und Schottland, wo Künstler wie Mackintosh oder Ashbee schon früher zu einem nüchterneren, gediegeneren Architektur-und Designstil gefunden hatten.
Im Zuge dieser Herausbildung eines eigenen Wiener Stils, bei dem die puristischen geometrischen Formen und die Qualität der Verarbeitung Wesensmerkmale sind, wird 1903 die „Wiener Werkstätte" gegründet. In dieser, den höchsten handwerklichen Ansprüchen gerecht werdenden Produktionsstätte entstehen u. a. auch die als Gesamtkunstwerk konzipierten Ausstattungen der Interieurs von Josef Hoffmann. Sein in Brüssel errichtetes, überaus luxuriös gestaltetes Palais Stoclet gilt als künstlerischer Höhepunkt der Wiener Architektur dieser Zeit.
Nach der strengen, puristischen Phase des Wiener Stils, bei der ein Höchstmaß an Vereinfachung erreicht wurde, kommt es um 1910 wieder zu einer Zunahme der dekorativen Elemente, wobei das Ornament seine vorwiegend rahmende Funktion noch beibehält, teilweise aber auch schon im Sinne des folgenden Art deco die Fläche selbst, bei starker Betonung des Zentrums, schmückt. Auch wendet man sich nun – auf der Suche nach zeitlosen, allgemeingültigen Gestaltungselementen – wieder verstärkt dem Formenvokabular des Klassizismus zu, wobei der heimische Biedermeierstil eine Inspirationsquelle bildet.
Diese kurze Wiedergabe der stilistischen Entwicklung in Wien trifft allerdings nur für die sehr dünne Schicht der künstlerisch führenden Architektenpersönlichkeiten zu. Daneben wird natürlich auch noch historistisch weitergebaut, wobei historistische und secessionistische Elemente auf mannigfache Weise miteinander kombiniert werden können. Der schönlinige „internationale" Jugendstil wird um 1901 durchaus nicht generell aufgegeben, er wird einerseits von bedeutenden Architekten, wie etwa Friedrich Ohmann, in einer lokal gefärbten, gemäßigten Form weitergeführt, andererseits auch noch lange für Zinshausbauten, vor allem im Bereich der Außenbezirke, angewandt, wobei sehr reizvolle Fassadenlösungen entstanden sind. (Für dieses Phänomen wurde der Begriff „Baumeisterjugendstil" geprägt.)
Auch ändern sich die Stilformen mit der Art der Bauaufgabe; so vermischen sich etwa bei Villenbauten Jugendstilformen häufig mit den traditionelleren Elementen des „rustikalen" Heimatstils, während bei betont repräsentativen oder offiziellen Bauten, wie Amtsgebäuden oder Banken, Jugendstilformen seltener oder zumindest klassizistisch gebrochen eingesetzt werden. Stilistische Veränderun-

gen werden auch durch die Entwicklung der modernen Bautechnologie bestimmt. Vor allem bei dem relativ jungen Typus des Wohn- und Geschäftshauses werden schon häufig Betonständerkonstruktionen verwendet. Teils wurde dies durch die Fassadengestaltung noch verschleiert, teils bekannte man sich aber auch schon offen zum neuen Verhältnis von Fensteröffnung und Wandpfeiler.
Im vorliegenden Führer werden nicht nur die Werke des reinen Jugendstils behandelt, vielmehr soll eine Übersicht über das gesamte architektonische Schaffen dieser außerordentlich fruchtbaren Periode geboten werden. Dabei wurde hinsichtlich der Werke der bedeutendsten Protagonisten der Avantgarde möglichste Vollständigkeit angestrebt. Das breite Schaffen ihrer Nachfolger kann nur in einer notwendigerweise subjektiven Auswahl dokumentiert werden. Hier soll dieser Führer auch als Anregung für weitere, eigene Entdeckungen dienen.

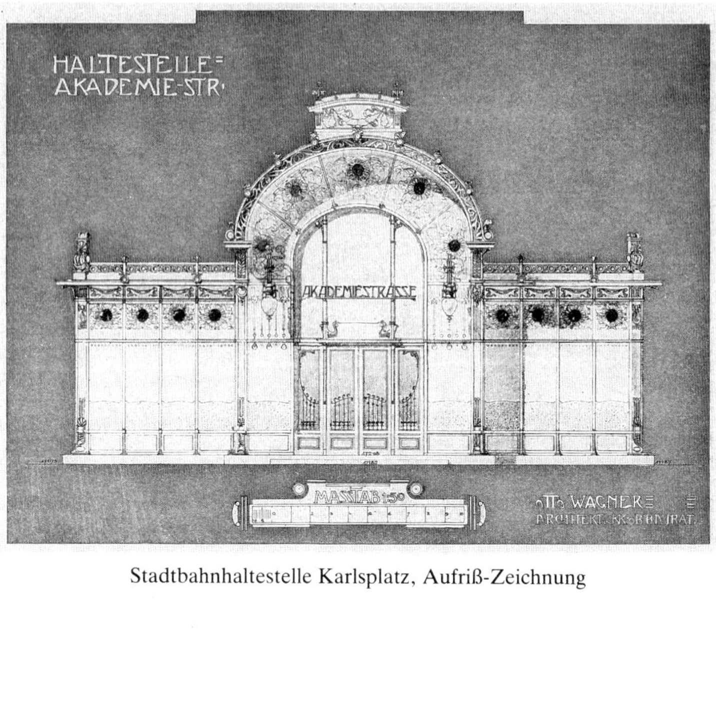

Stadtbahnhaltestelle Karlsplatz, Aufriß-Zeichnung

■ ■ 1. BEZIRK ■ ■

1, Am Hof 2
LÄNDERBANK

Typische neoklassizistische Bankarchitektur der Architektengemeinschaft Ernst von Gotthilf und Alexander von Neumann (1915). Skulpturengeschmückte, übergiebelte Steinfassade mit dorischem Portikus; das Foyer mit Wandbildern und skulpturengeschmückten Kandelabern. In der sehr repräsentativen, mit weißem Marmor vertäfelten Kassenhalle ist neben den eindrucksvollen schweren Beleuchtungskörpern vor allem die von W. Heyda – wohl nach dem Vorbild der Ankeruhr – mit figuralen Bronzereliefs gezierte Kunstuhr bemerkenswert.

1, Ballgasse 2 (= Rauhensteingasse 5)
EHEM. HANDELSSCHULE ALLINA

1911 von Hans Mayr errichteter Bau, die fast schmucklosen Fassaden durch tiefliegende Fenster und für die Zeit sehr typischen konkaven Parapettfelder (die hier mit dünnen Mosaikstreifen belebt sind) plastisch gegliedert. In der Ballgasse trichterartiges Hauptportal mit Skulpturenschmuck (von Willy Bormann).

Bognergasse 5
ZUM SCHWARZEN KAMEEL

In dem 1902 von Julius Mayreder errichteten Haus mit secessionistischer Fassade Delikatessengeschäft und Restaurant „Zum schwarzen Kameel", dessen Interieur 1903 von Robert Oerley gestaltet wurde. Teilweise intarsierte und kassettierte Eichenholzvertäfelung, über Fliesenstreifen Stuckfries.

1, Bognergasse 9 (= Naglergasse 10)
ENGELAPOTHEKE

Das 1901 nach Plänen des Wagner-Schülers Oskar Laske auf einer schmalen Parzelle errichtete Haus zählt insbesondere wegen der Gestaltung der Portalzone der Engelapotheke zu den dekorativsten Beispielen für die Anwendung figuraler Jugendstilelemente in der Wiener Architektur. Bemerkenswert ist auch die Bewältigung der traditionellen Form hoher schmaler Putzfassaden eines städtischen Wohnhauses. Überlieferte Gliederungsmotive wurden mit ungewöhnlichen, teils applizierten, teils in die Putzoberfläche vertieften Dekorationsformen zu einer eigenwilligen, aber nicht fremd wirkenden Einheit kombiniert.

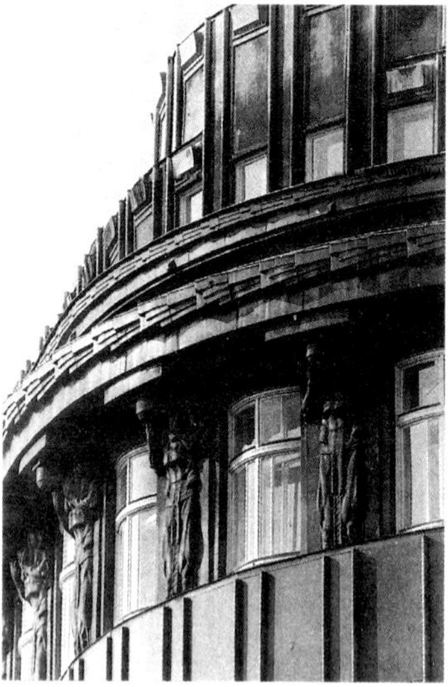

Brandstätte 6, Zacherlhaus

1, Brandstätte 6
(= Bauernmarkt 5
= Wildpretmarkt 4)
ZACHERLHAUS

Das Haus wurde von dem bekannten Mottenpulverfabrikanten Johann Evangelist Zacherl bei Josef Plečnik in Auftrag gegeben. Dieser hatte bereits 1900 einen für dieses Projekt ausgeschriebenen internen Wettbewerb der Wagnerschule gewonnen. Die endgültigen Pläne entstanden 1903, das Haus war 1905 vollendet. Plečnik verkleidete die Hauptgeschosse mit graubraunen, geschliffenen Granitplatten, deren glänzende Oberfläche durch vertikale Profilstäbe, die eine Funktion für die Halterung der Platten erfüllen, rhythmisch gegliedert wird. Das schwere, sehr eigenwillig ornamentierte Kranzgesims wird von Atlanten getragen, die nach einem Vorbild Franz Metzners in Majolika hergestellt wurden. Die mächtige aus Kupfer getriebene Plastik des Erzengels Michael (von den Zeitgenossen der „Wanzentöter" genannt) stammt von dem Bildhauer Ferdinand Andri. Im Inneren herrscht ein starker Kontrast zwischen dem langen, düsteren, mit dunklem Marmor verkleideten Peristyl und dem auch materialmäßig abgesetzten, eleganten schiffförmigen Stiegenhaus. Die Leuchten zeigen teilweise insektenartige Formen.

Peter Altenberg war von dem Haus tief beeindruckt, in einem Brief an den Architekten schrieb er u. a. „Ich habe *‚Das Gebäude'* gesehen... Wie eine tragische, grandiose Dichtung wirkte es auf mich. So mit ungeheurer aller Macht die Convention brechend, unterkriegend, vernichtend – und eine neue Weltordnung in schweren dumpfen Tönen posaunend... Das Material, Gottes Kunstwerk selbst, kommt zu seinem Siege! Und in einer Kristall-Druse, in einem Schneckengehäuse liegt die Schönheit der Welt! Wie aus dem Boden einer Groß-Stadt von selbst herausgewachsen ist Ihr Gebäude!"

1, Burggarten
GLASHAUS

Das 1901–1905 nach Plänen von Friedrich Ohmann errichtete Glashaus zählt zu den letzten künstlerisch gestalteten Bauten dieses im 19. Jahrhundert so beliebten Bautypus. An den durch eine Säulenstellung hervorgehobenen Mittel- und Portaltrakt schließen beiderseits niedrigere Glashausflügel an, die in steinernen Eckpavillons mit Zeltdächern enden. Der reiche plastische Schmuck in Jugendstilformen wurde nach Ohmannschen Entwürfen von den Bildhauern Rudolf Ritter von Weyr, Edmund von Hellmer und Josef V. Myslbeck geschaffen.

1, Dorotheergasse 5
WOHN- UND GESCHÄFTSHAUS

Bei dem gemeinsam mit Nr. 7 erbauten Haus mit repräsentativer Kunststeinfassade werden die Fenster von kräftigen, doppelten Rundstäben flankiert. Die Seitenachsen sind als erkerartig zusammengeschlossene Bay-windows gestaltet.

1, Dorotheergasse 7
WOHN- UND GESCHÄFTSHAUS

Errichtet 1912 von den Wagner-Schülern Emil Hoppe, Marcel Kammerer und Otto Schönthal. Die unteren Geschosse werden durch kannelierte Lisenen zusammengefaßt; aus der glatten Fläche der oberen Geschosse

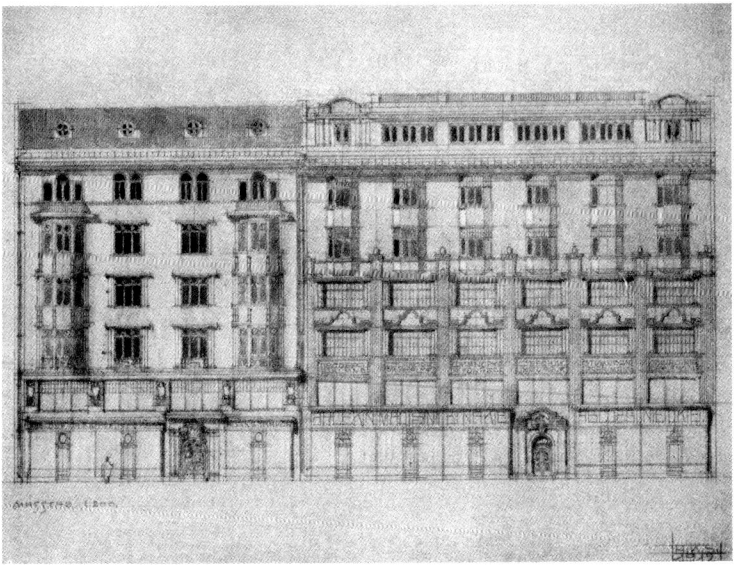

Dorotheergasse 5–7, Aufriß-Zeichnung

springen kräftige Erker rhythmisch vor. Das Vestibül ist mit schwarz-braunen Fliesen intarsienartig verkleidet. Typisches Beispiel für den von der Wiener Werkstätte beeinflußten dekorativen Stil um 1910.

1, Dorotheergasse 6 – 8
HAUS DES ÖSTERREICHISCHEN BÜHNENVEREINES

Bei dem von Hans Mayr 1912 erbauten sechsgeschossigen Vereinshaus mit einfacher, additiver, nur durch zwei Balkonachsen akzentuierter Gliederung sind die beiden unteren Geschosse durch hochrechteckige Bay-windows zusammengefaßt (im Erdgeschoß das bekannte Café Hawelka).

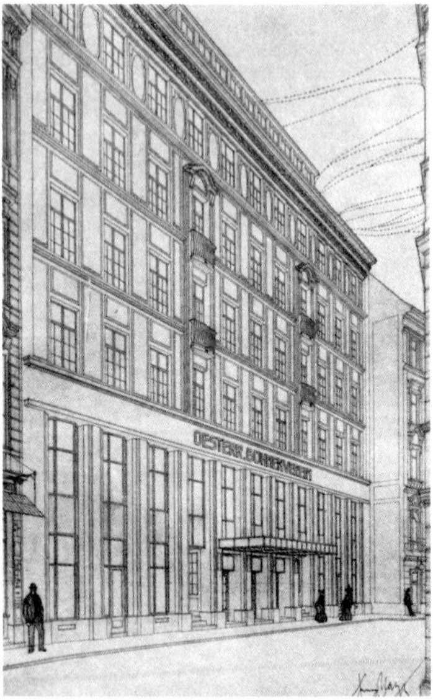

Dorotheergasse 6–8

1, Fleischmarkt 1
(= Rotenturmstraße 20)
RESIDENZPALAST

Erbaut 1909/10 von Arthur Baron. Über den drei unteren Geschossen (mit vorgehängter Metallrahmenkonstruktion) zeigen die Hauptgeschosse eine im Rautenornament verlegte beige-violette Fliesenverkleidung, in die die Rahmungen der Fenster einbezogen sind. Bemerkenswerte Ecklösung, die Dachaufbauten durch Umbau verunklärt.

1, Fleischmarkt 3
WOHN- UND GESCHÄFTSHAUS

Bei dem 1910 ebenfalls von Arthur Baron errichteten Bau sind die Geschäftsgeschosse weitgehend in Glas aufgelöst. Zwischen den pilasterartig gestalteten schmalen Betonpfeilern springen im 1. Obergeschoß markante Erker aus Metall vor.

1, Fleischmarkt 7
GESCHÄFTSHAUS

Das Geschäftshaus der Firma Meinl wurde 1899 von Max Kropf errichtet. Die Reliefs der Wandpfeiler weisen auf den Fernhandel der Firma hin, darüber befinden sich die Wappen von Hamburg, Triest, London.

1, Fleischmarkt 14
MIETHAUS

Erbaut 1898/99 vom Baubüro F. Dehm und F. Olbricht. Beispiel für die rasche Übertragung

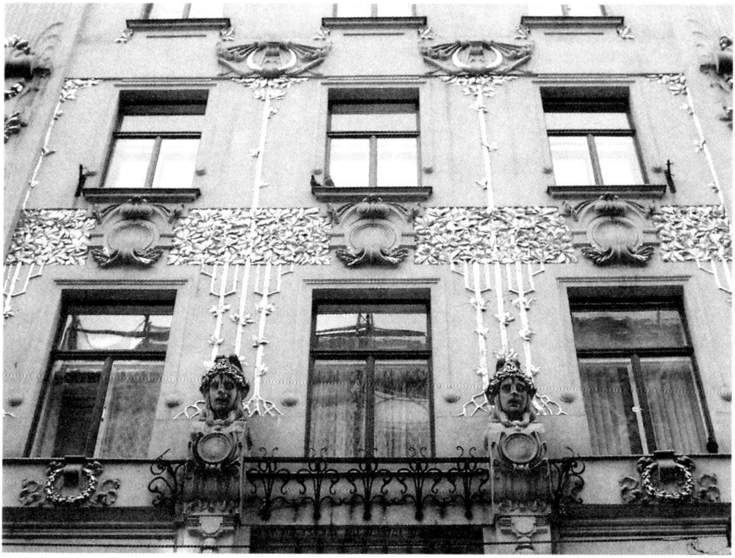

Fleischmarkt 14

der aktuellen, von Olbrich fast gleichzeitig am Secessionsgebäude entwickelten Ornamentformen auf eine sonst eher unauffällig gegliederte, von stark durchfensterten Seitenrisaliten flankierte Miethausfassade, deren Portalachse durch Athene-Büsten geschmückt ist. Originale, sparsam geschmückte Holz-Glas-Eingangstür.

1, Franz-Josefs-Kai 13
WOHN- UND GESCHÄFTSHAUS

1911 von den Baumeistern Pittel und Brausewetter errichteter Stahlbetonbau. Im Parapettbereich sind breite, horizontale Platten den Pfeilern vorgeblendet. Die bemerkenswert sachlich gestaltete, auf Lösungen der Zwischenkriegszeit vorausweisende Fassade wird von einem trapezförmigen Giebel bekrönt.

1, Friedrichstraße 4
(=Elisabethstraße 3)
WOHN- UND GESCHÄFTSHAUS

1913/14 von Hans Prutscher entworfener Bau. Die relativ sparsam dekorierten Fassaden mit polygonalen Erkern und (an der Front gegen den Karlsplatz) Balkons gegliedert. In der Elisabethstraße sind die Erdgeschoßarkaden mit dem schmiedeeisernen Eingangsportal erhalten.

1, Friedrichstraße 12
SECESSION

Der beispielgebende „Gründungsbau" der Wiener Secession wurde 1898 nach Plänen von Josef Maria Olbrich als Ausstellungsgebäude für die im Jahr zuvor gegründete „Vereinigung bildender Künstler Österreichs – Secession" errichtet. Die kubische Wirkung dieses scheinbar aus mächtigen stereometrischen Blöcken zusammengesetzten Baukörpers wird durch das zarte, vegetabile Dekor im Bereich des Portals und der Gebäudeecken ad absurdum geführt. „Vom Baukörper bis zu den Details sind Geometrie und Organik dialektisch verschränkt" (Kapfinger). Vor die aus Blumentöpfen emporwachsenden Relief-Bäumchen sind dünne, tafelförmige Wandfelder gesetzt, die die äußerste Oberfläche der Architektur bilden. Der junge Baum war Symbol der Secession (und zierte auch das von Alfred Roller gestaltete Umschlagblatt des ersten im Jänner 1898 erschienenen Ver-Sacrum-Heftes); das sakral wirkende Bauwerk könnte daher auch als eine Art von architektonisch gestaltetem „Heiligen Hain" der Kunst interpretiert werden. „Aber in stillen, geheimnisvoll umzirkten Zaubergärten blüht die Kunst", schrieb Ferdinand von Saar in einem Gedicht zur Gründung der Secession; die vergoldete Blätterkuppel des Bauwerks (das sogenannte „Krauthappel") könnte die Krone dieses Kunstgewächses bedeuten. Auch an den Seitenfronten wurde die Mauer durch tragende Pfeiler und dazwischengespannte Wandflächen in Schichten zerlegt, wobei die verschiedenen abstrakt-geometrischen Ornamente teilweise als textile Verbindungen zu lesen sind, die die einzelnen heterogenen Elemente verknüpfen. Ebenso vielschichtig wie die Funktion der vegetabilen und geometrischen Dekorformen sind die ikonographischen Bezüge der Bauplastik: So symbolisieren die drei Medusenhäupter über dem Eingang die bildenden Künste, wirken gleichzeitig aber auch als apotropäischer (Unheil abwendender) Tempel-Schmuck. Der griechischen Mythologie entsprechend, bilden Schlangen die Haare der Medusa, Schlangen scheinen aber auch aus dem Mauerschlitz über dem inschriftgeschmückten Architrav zu schlüpfen, auch sie können wohl, antiken Vorstellungen folgend, als Hüterinnen des Heiligen Bezirkes betrachtet werden.

Der plastische Schmuck wurde von Othmar Schimkowitz und Kolo Moser geschaffen, die von Olbrich entworfenen bronzebeschlagenen Türflügel wurden ursprünglich von Georg Klimt

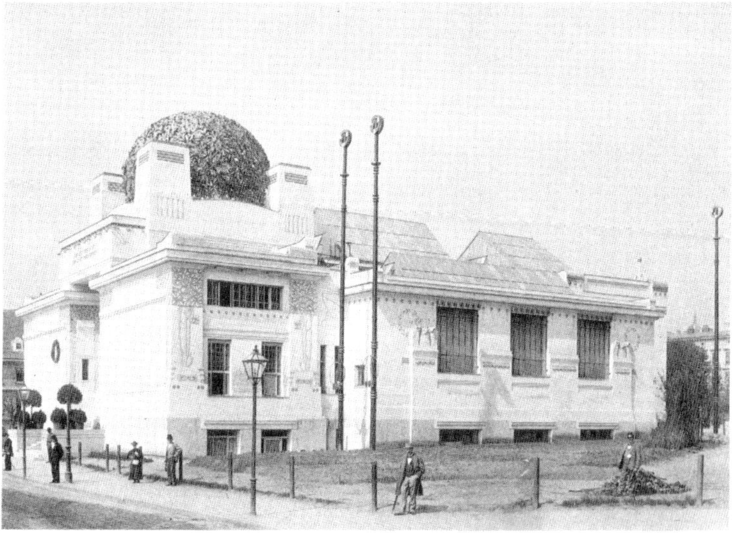

Friedrichstraße 12, Secession, ursprünglicher Zustand

angefertigt und später durch Kopien ersetzt. Die blau-weißen Schalen seitlich des Stiegenaufganges wurden erst später aufgestellt, sie stammen möglicherweise von Robert Oerley. Im Keller des Gebäudes fand 1986 der für die 14. Ausstellung der Secession geschaffene Beethoven-Fries von Gustav Klimt im rekonstruierten architektonischen Rahmen des historischen Ausstellungsraums von 1902 einen Daueraufstellungsplatz.

MARC-ANTON-DENKMAL

Nach Berichten römischer Autoren soll Marc-Anton, zum Zeichen seines Triumphes über die stolzesten Gegner, mit einem Löwengespann durch die Straßen Roms gefahren sein. Die Plastik Arthur Strassers, bei der vor allem die realistische Gestaltung der Tierleiber beeindruckte, war 1899 bei der 4. Ausstellung der Secession als Gipsmodell zu sehen. 1900 wurde sie vom Staat angekauft, in Bronze gegossen und neben der Secession aufgestellt.

1, Georg-Coch-Platz 2
POSTSPARKASSENAMT

Der als Zentrum des Stubenviertels in zwei Etappen (1904 bis 1906 und 1910 bis 1912) über trapezförmigem, symmetrischem Grundriß errichtete Bau ist im Hinblick auf die Entwicklung der modernen Architektur

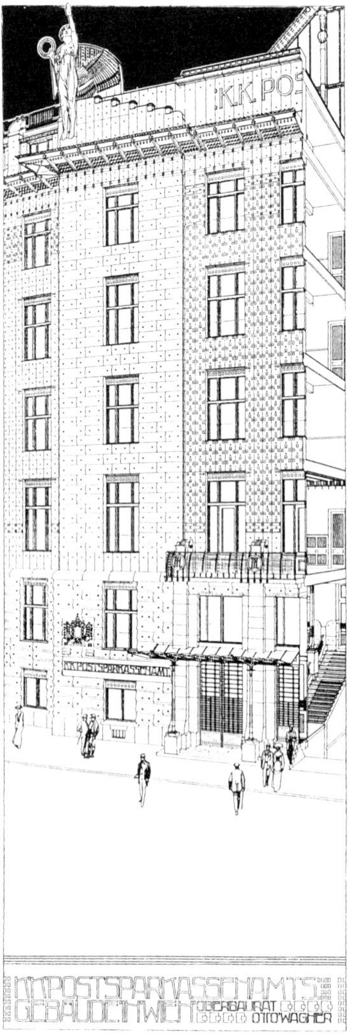

Georg-Coch-Platz 2,
Postsparkassenamt,
Otto Wagner 1904–1912,
perspektivischer Schnitt
des Mittelrisalits

wohl das wichtigste Werk Otto Wagners. (Wie sehr Wagner seiner Zeit voraus war, läßt sich aus dem Vergleich mit dem gegenüberliegenden Gebäude des ehemaligen Kriegsministeriums von Ludwig Baumann erkennen, das 1909–1913 entstand und noch ganz der Tradition des Historismus verhaftet ist.) Die Wirkung der rational gestalteten Außenerscheinung wird wesentlich von den Materialien bestimmt, wobei aber ausgedrückt werden sollte, daß der Bau nicht aus edlen Werkstoffen besteht, vielmehr mit diesen nur verkleidet ist. Die Granitplatten des Sockels sind mit versenkten, die nur 2 cm starken weißen Marmortafeln der Obergeschosse aber mit erhabenen Bolzen mit Aluminiumköpfen fixiert, so daß sich ein zartes Ornament ergibt, das zusätzlich durch vertikale Plättchen bereichert wird, die Säulen und Basen von abstrakten Pilasterstellungen andeuten sollen. Den Mittelrisalit bekrönt ein mit Lorbeerkränzen dekorierter Attikaaufsatz. Die Eckfiguren stammen von Othmar Schimkowitz – hier wurde zum erstenmal bei großdimensionierter Bauplastik (Höhe: 4.30 m) die Technik des Aluminiumgusses angewendet. Das von Otto Wagner als neues Baumaterial entdeckte Aluminium wurde auch bei dem markanten Vordach des fünfteiligen Eingangs eingesetzt.

Beim Betreten des Gebäudes gelangt man zunächst in das großzügig gestaltete Vestibül (Büste Kaiser Franz Josephs von Richard Luksch, 1872 – 1936), in dem ein breiter Stiegenaufgang zum zentralen Schalterraum im glasüberdachten Innenhof führt. Diese Kassenhalle gilt international als ein früher Höhepunkt funktionalistischer Architektur. „Der dreischiffige, in der Mitte aufgewölbte Kassensaal, der das alte Basilikathema mit Glasdach an einem Ständerbau demonstriert..., ist von großartiger Schönheit im Lineament der Form" (Wagner-Rieger). Gesonderte Beachtung verdienen auch die in Formgebung, Materialwahl und Ausführung beispielhaften Details, wie etwa die Beleuchtungskörper oder die Warmluftausbläser der Heizungsanlage. Ähnlich klar und funktionell sind auch alle übrigen Räume, wie etwa die beiden halbkreisförmigen Beamtenstiegen, die noch der ersten Baustufe angehören. Der an der Rückseite des Baukomplexes gelegene Kassenraum für den Effektenverkehr entstand 1910 – 1912 im Zuge der zweiten Bauphase. In dem der Allgemeinheit nicht zugänglichen Sitzungszimmer sowie in den Büroräumen des Direktoriums ist die funktionell gestaltete, durch Verwendung edler Hölzer sehr repräsentativ wirkende Ausstattung Otto Wagners erhalten.

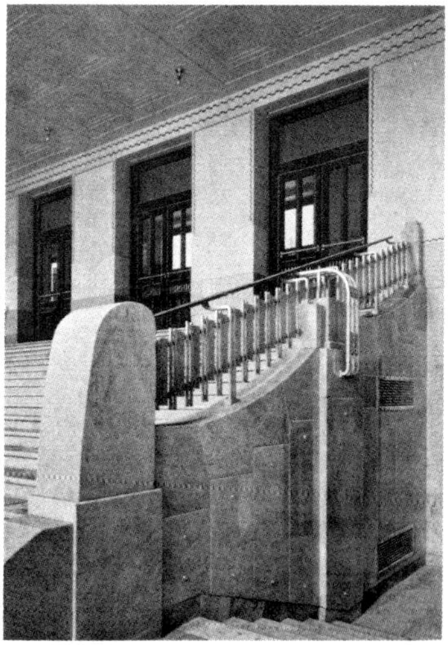

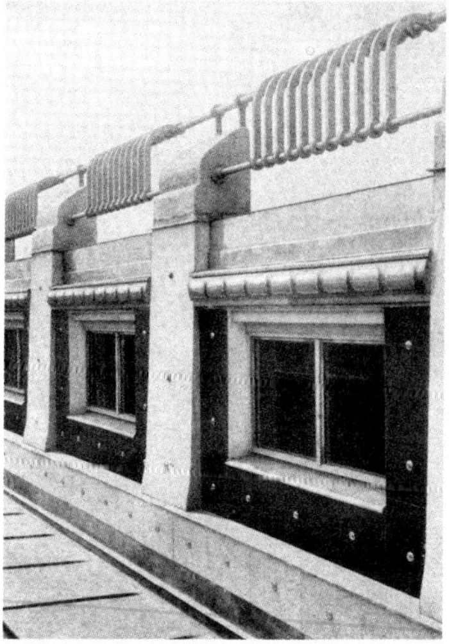

Postsparkassenamt, Vestibül mit marmorverkleidetem Stiegenaufgang zum Kassensaal (oben) und Attikageschoß mit Verkleidung aus Marmor und schwarzem Glas (unten)

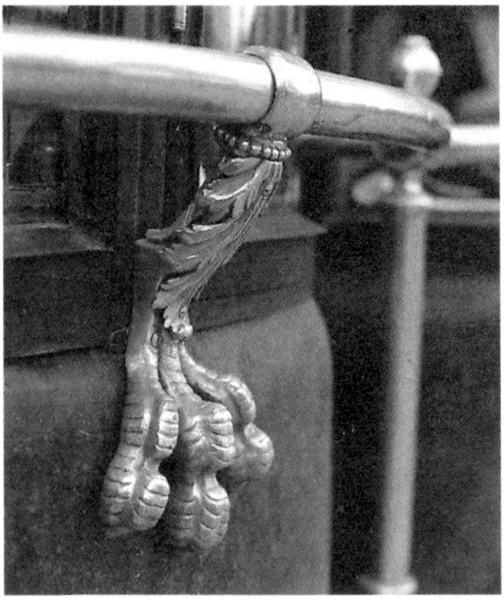

Graben 8, Geschäftsportal, Detail

1, Graben 8
(= Spiegelgasse 1)
GESCHÄFTSPORTAL

Die beiden unteren Geschosse wurden 1904 von Arnold Hatschek für die Firma Braun & Co. durch rhythmisch vorspringende vitrinenartige Schaufenster zu einem eleganten, großstädtischen Geschäftslokal gestaltet. Bemerkenswert sind Details wie die Vogelklauen, die die Messingstangen vor den Schaufenstern halten.

1, Graben 10
(= Spiegelgasse 2
= Dorotheergasse 1)
ANKERHAUS

Das einzige erhaltene Geschäftshaus Otto Wagners wurde 1894 für die Versicherungsgesellschaft „Der Anker" errichtet. Das Haus zählt zu den frühesten Beispielen für die Verwendung vorgehängter Glasfassaden („Curtain-walls") in Wien. Innerhalb der noch späthistoristischen Gliederung werden Eisentraversen sichtbar gelassen – ein Motiv, das „Bekenntnis zur Modernen" bedeutet und später auch bei Bauten anderer Architekten (Fabiani, Loos) Anwendung fand. Der Glas-Eisen-Aufbau war als Atelier für einen Fotografen bestimmt.

1, Graben 13
SCHNEIDERSALON KNIŽE

Das Geschäftslokal wurde 1910 bis 1913 von Adolf Loos gestaltet. In die konkav-konvex rückschwingenden Gewände des mit schwarzem Granit verkleideten Portals wurden nachträglich hohe, schmale Vitrinen eingefügt. Bemerkenswert auch die Ausstattung der Interieurs: Das Verkaufslokal im Erdgeschoß ist in Kirschholz, die darüberliegenden Räume des Schneiderateliers sind in Spiegeleiche gehalten. Loos entwarf auch die Räume der Pariser (Avenue des Champs Élysées) und Berliner (Neue Wilhelmstraße) Filialen.

1, Graben 16
(= Habsburgergasse 2)
WOHN- UND GESCHÄFTSHAUS

Die Ecke dieses 1909/10 von Architekt P. Palumbo errichteten Hauses war ursprünglich

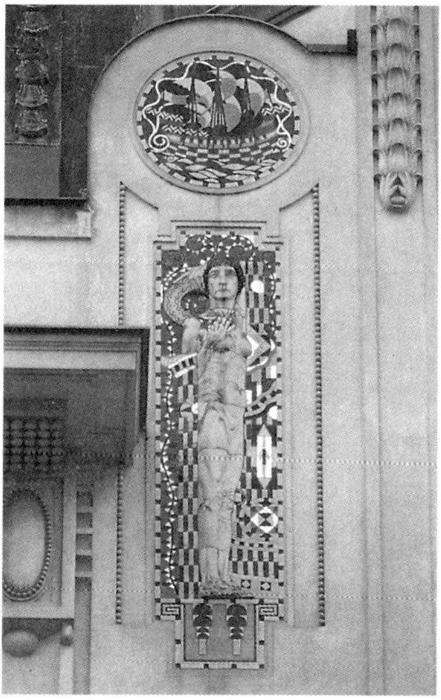

Graben 16, Detail

von einem laternenartigen Aufbau bekrönt. Der Mosaikschmuck der Fassaden und des Vestibüls sowie die bunten Glasfenster im Stiegenhaus stammen von der Mosaikwerkstätte Leopold Forstner.

1, Graben 17
WOHN- UND GESCHÄFTSHAUS

Der Bau entstand 1906 nach Plänen Ernst von Gotthilfs; die teilweise marmorverkleidete Fassade zeigt eine skulptural bereicherte Pilastergliederung. Das den beiden unteren Geschossen vorgeblendete Geschäftsportal ist im ersten Stock noch weitgehend in der ursprünglichen Form erhalten.

1, Graben, vor Nr. 22
UNTERIRDISCHE BEDÜRFNISANSTALT

Die 1904/05 von der Firma Beetz errichtete, kürzlich restaurierte Toilettenanlage beweist mit ihrer großzügigen Ausstattung, bei der ausschließlich hochwertige Materialien verarbeitet wurden, daß Wien sich in dieser Periode tatsächlich zu einer Stadt des „modernen Luxus" entwickelt hatte.

1, Habsburgergasse 10
WOHNHAUS

Erbaut 1913 unter Beteiligung der Architekten Friedrich Lindner, Leopold Ehrlich, Wilhelm und Karl Schön. Kunststeinfassade mit spätsecessionistischer, Empire-Motive variierender Ornamentik. Kassettenartig gestaltetes Glas-Eisen-Portal.

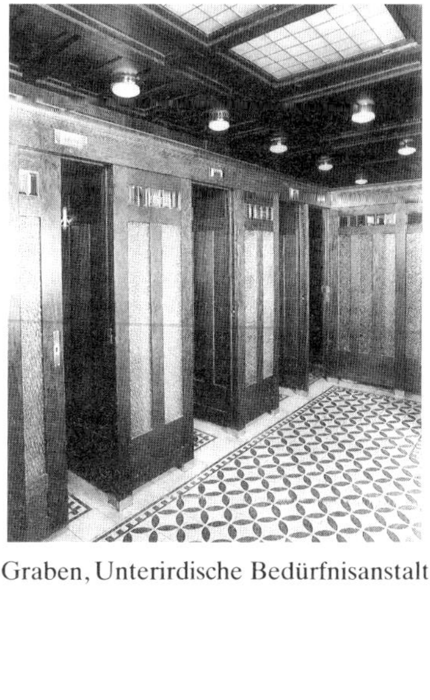

Graben, Unterirdische Bedürfnisanstalt

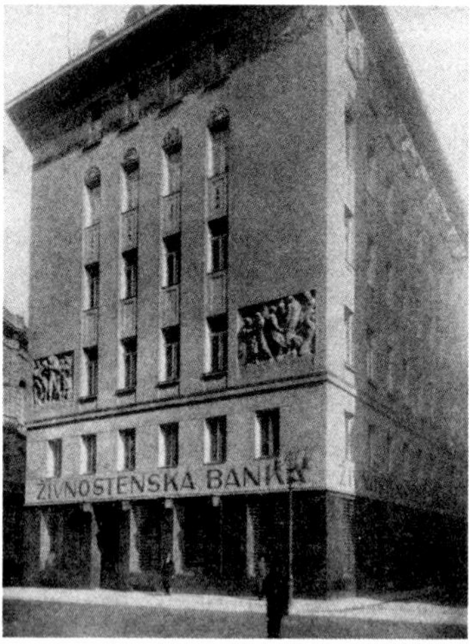

Herrengasse 12

1, Herrengasse 12
(= Regierungsgasse 4)
ÖSTERR. CREDITINSTITUT AG, vormals „Zivnostenskabanka"

Nachdem die Zivnostenskabanka die das Stammhaus in der Herrengasse 12 umgebenden Liegenschaften erworben hatte, beauftragte sie Franz Krásny, den Altbau mit neu zu errichtenden Bauteilen zu einem einheitlichen Gebäude zusammenzufassen, wobei die ununterbrochene Fortführung des Bankbetriebes zu gewährleisten war. 1918 wurde das neue Bankgebäude eröffnet. Die heterogene Bausubstanz ist weder an der Außenerscheinung noch im Inneren erkennbar. Reizvoll die Spannung zwischen der geschlossen wirkenden Kunststeinoberfläche und dem wuchernden Blattwerk im letzten Obergeschoß, das auch hinter den „geöffneten" Parapettfeldern des vierten Obergeschosses zum Vorschein kommt. Die seitlichen Wandfelder an der Herrengassenfront sind mit großflächigen Reliefs „Handel" und „Arbeit" geziert.

1, Himmelpfortgasse 2
WOHN- UND GESCHÄFTSHAUS

Das in den Jahren 1906/07 von Johann Walland als Stahlbetonskelettbau errichtete Wohn- und Geschäftshaus wurde von Adolf Loos als „das schönste Gebäude" in Wien bezeichnet. (Aus: Der schönste Innenraum..., Erstdruck in: „Fremdenblatt", Wien, 7. April 1907, dann in „Trotzdem" 1930.)

1, HOHE BRÜCKE

Die im Zuge der Wipplingerstraße den Tiefen Graben überspannende Brücke wurde 1903 nach Plänen Josef Hackhofers von der Baufirma Biró errichtet. Die Ausführung der Unterseite – eine mit Marmorplatten ausgefachte Eisenskelettkonstruktion – ist möglicherweise von Wagners Stadtbahnpavillons am Karlsplatz beeinflußt.

1, Hoher Markt 10 – 12
ANKERUHR

Zwischen den von Ernst von Gotthilf und Alexander von Neumann monumental gestalteten Bürobauten der Versicherungsgesellschaft „Der Anker" überspannt ein Verbindungsgang mit der „Ankeruhr" den Bauernmarkt. Diese berühmte Kunstuhr wurde 1913 von dem Maler Franz von Matsch entworfen.

1, Kärntner Durchgang
AMERICAN BAR

Die Bar wurde 1908/09 von Adolf Loos entworfen. Für Loos typisch ist die höchst ökonomische und doch elegante Gestaltung auch kleinster Räumlichkeiten, die häufig durch Spiegelfelder optisch erweitert werden. Wertvolle Materialien (Onyx, Marmor, Messing, Mahagoni) bestimmen den Raumeindruck. Das Portal entspricht nicht dem ursprünglichen Zustand, doch ist eine Rekonstruktion des Originals geplant.

1, Kärntner Ring 1
(= Kärntner Straße 53 – 55)
HOTEL BRISTOL

Der große Hotelbau, der seine von niedrigen polygonalen Türmen flankierte Hauptfassade der Oper zuwendet, entstand in seiner heutigen Form 1913 nach Plänen von L. Fiedler und P. Palumbo. Haupteingang am Kärntner Ring; überaus repräsentativ Vestibül, Halle und Stiegenhaus mit aufwendigem Metallgeländer.

1, Kärntner Straße 16
EHEM. HOTEL MEISSL & SCHADN; MOSAIK

Die späthistoristische Fassadengliederung des 1894 von Karl Hofmeier, Moritz und Josef Sturany errichteten Hauses wurde in der Nachkriegszeit vereinfacht. Erhalten blieb das großflächige, farbenprächtige Mosaik von Eduard Veith, das Orient und Okzident darstellt.

1, Kohlmarkt 1
(= Graben 18)
WOHN- UND GESCHÄFTSHAUS

Das großstädtische Geschäftshaus, dessen Ecke von einer Reiterfigur bekrönt wird, entstand 1896 nach Entwürfen von F. Roth. Trotz der noch historisierenden Dekorformen zum Teil moderne Gliederungselemente, über den großen Fensteröffnungen Eisentraversen mit vergoldetem Dekor. Geschäftsinterieur ITA 1899 von Leopold Müller.

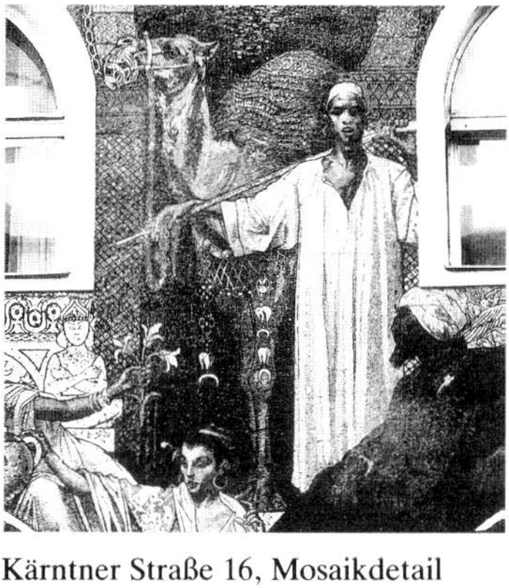

Kärntner Straße 16, Mosaikdetail

1, Kohlmarkt 2
GESCHÄFTSHAUS

Bei dem 1909 von Friedrich Schön errichteten schmalen Geschäftshaus wird der Anteil der Fensterfläche nach oben geschoßweise reduziert. Die mit dunklem, inkrustiertem Granit verkleidete Fassade wird von einem Dachaufsatz mit bunten Majolikaplastiken Fr. Marmoreks bekrönt.

1, Kohlmarkt 9
ARTARIAHAUS

Im Jahr 1900 von Max Fabiani für den traditionsreichen Wiener Artariaverlag errichtetes Geschäftshaus. Die beiden in Glas aufgelösten Sockelgeschosse werden durch vier steinverkleidete Lisenen gegliedert (an den äußeren figuraler Schmuck von Alfonso Canciani), die eine sichtbar gelassene Eisentraverse tragen. Bei der mit weißen Marmorplatten verkleideten Fassade der Hauptgeschosse verwendete Fabiani zum erstenmal polygonal vorspringende Fenster („Bay-windows"), ein aus England stammendes Motiv, wichtig in der Wiener Jugendstilarchitektur. Wesentlich das von der „Wagner-Schule" inspirierte schirmförmige Kranzgesims, das über einem breiten Eierstabfries schräg ansetzt und an der Unterseite eine graphische Kassettenornamentik zeigt.

1, Kohlmarkt 16
BUCHHANDLUNG MANZ

Das Geschäftslokal wurde 1912 von Adolf Loos entworfen. Die mit schwarzem Marmor verkleidete Außenfläche des Trichterportals erscheint sehr flach; der Bereich der innen beleuchteten Oberlichte erhält jedoch durch das Vortreten der rahmenden Marmortafeln die Bedeutung eines Architravs.

1, Krugerstraße 3
BÜROHAUS

Das Haus des Gremiums der Wiener Kaufmannschaft wurde 1904 von Ernst von Gotthilf errichtet. Die Fenster des dritten und vierten Obergeschosses zeigen – ähnlich wie bei Fabianis Portois & Fix-Haus (→3, Ungargasse 59–61) – eine Metalldekoration in Form von stilisierten, gerafften Vorhängen. Ein mehrfach geteiltes, schirmförmiges Kranzgesims schließt die Fassade ab.

1, Lugeck
GUTENBERGDENKMAL

Das im Jahre 1900 enthüllte Denkmal wurde von Max Fabiani entworfen; die Bildhauerarbeiten stammen von Hans Bitterlich.

1, Liliengasse
ENSEMBLE

Die kurze Gasse bildet ein seltenes geschlossenes Ensemble anspruchsvoller Wohn- und auch Geschäftshäuser:

Liliengasse 1
(= Singerstraße 10)

1911 von Karl und Wilhelm Schön erbaut. Die Geschäftszone war ursprünglich mit schwarzem Glas verkleidet.

Liliengasse 2
(= Singerstraße 8
= Weihburggasse 7)

1911 von Rudolf Erdös errichtet.

Liliengasse 3
(= Weihburggasse 9)

1913 von Ignaz Reisner errichtet; bemerkenswerte Ecklösung mit figuraler Bauplastik; originale Messing-Geschäftsportale.

1, Michaelerplatz 3
LOOS-HAUS

Das 1909 – 1911 für die Schneiderfirma Goldmann & Salatsch errichtete Geschäftshaus ist das architektonische Hauptwerk von Adolf Loos. Ausführender Architekt war Ernst Epstein.

Die an diesem exponierten Bauplatz gegenüber der Hofburg besonders ins Gewicht fallende schockierend glatte Oberflächengestaltung der Obergeschoßzone löste heftige Polemiken in der Öffentlichkeit aus. Die Behörde ließ den Bau zeitweise einstellen, es wurde sogar ein Wettbewerb für eine andere reicher dekorierte Fassadengestaltung ausgeschrieben. Im Verlauf dieser erbitterten Auseinandersetzung verfaßte Paul Engelmann (ein Schüler von Loos, der später am Bau des Wittgenstein-Hauses maßgeblich beteiligt war) ein Sonett, in dem es unter anderem heißt: ,,Aus dem Geschnörkel wesenloser Hirne / Erhebt sich eine Tat, so scharf umrissen, / So schön und reinlich, wie ein gut Gewissen, / Wie unter Gaunern eine freie Stirn / Sie mögen weiter schrein und weiter schreiben: / Du stehst für dich, gewaltig aufgerichtet / als erstes Zeichen einer neuen Zeit''.

Erdgeschoß und Mezzanin sind mit lebhaft geädertem Cippolito-Marmor verkleidet (der beim Bau verwendete Marmor wurde von Loos selbst in griechischen und italienischen Steinbrüchen ausgewählt). Die vier Monolith-Säulen im Erdgeschoß nehmen auf den Portikus der Michaelerkirche Bezug. Die freie Vorhalle dahinter wirkt gleichsam als Erweiterung des Platzes; ein ,,Zurückschwingen'' der Hauptfront wird im Bereich der Obergeschosse durch die spezifische Ausformung der Ecken und des Kranzgesimses angedeutet. Über den Kapitellen der vier wegen der Betonrahmenkonstruktion nicht tragenden Säulen ist statt des klassischen Architrav-Frieses nur eine mit

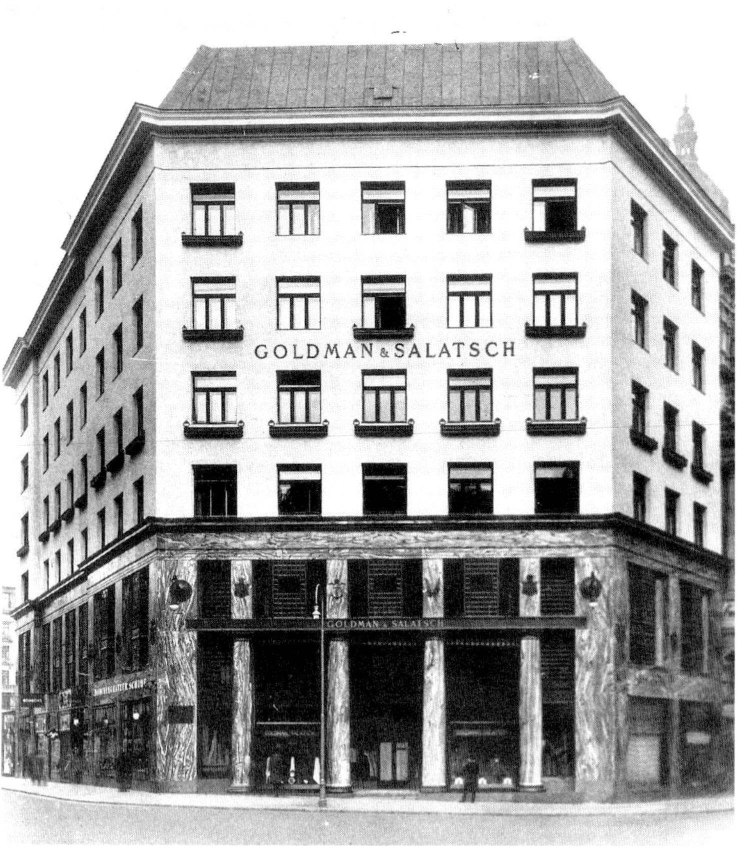

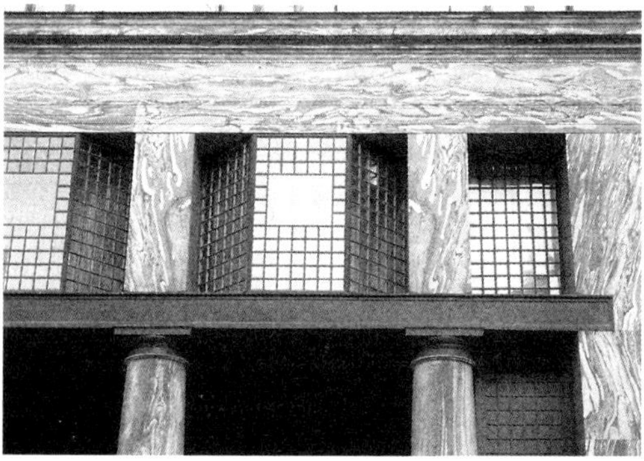

Loos-Haus, ursprünglicher Zustand (oben) und Detail

Kupfer verkleidete Eisentraverse eingesetzt, darüber finden die Säulen in den zwischen Bay-windows gesetzten Pfeilern ihre Fortsetzung. An den Seitenfronten ist das Mezzanin mit Bay-windows und flankierenden eingestellten Säulen gestaltet – ein Motiv, das in der folgenden neoklassizistischen Architektur häufig verwendet wird. Für die oberen Geschosse hatte Loos – unter Berufung auf die lokale Bautradition: „Wien ist eine Kalkputzstadt" – glatten Verputz gewählt, der ursprünglich grau gefärbelt war, die Fensterrahmen waren rot gestrichen. Statt der von der Baupolizei geforderten Verzierung der provozierend glatten Oberfläche wurden schließlich als Kompromiß von Adolf Loos entworfene kupferne Blumenkästen montiert. Die 1938 zerstörte Erdgeschoßhalle mit der geraden Haupttreppe ins Mezzanin soll ebenso wie das Geschäftsportal hinter der Säulenvorhalle in den nächsten Jahren sukzessive rekonstruiert werden.

1, Neuer Markt
KAPUZINERGRUFT

Die Franz-Josephs-Gruft (mit den Särgen Kaiser Franz Josephs, Kaiserin Elisabeths und Kronprinz Rudolfs) wurde 1908/09 von Cajo Perišić gestaltet, die Bildhauerarbeiten stammen von Emanuel Pendl.

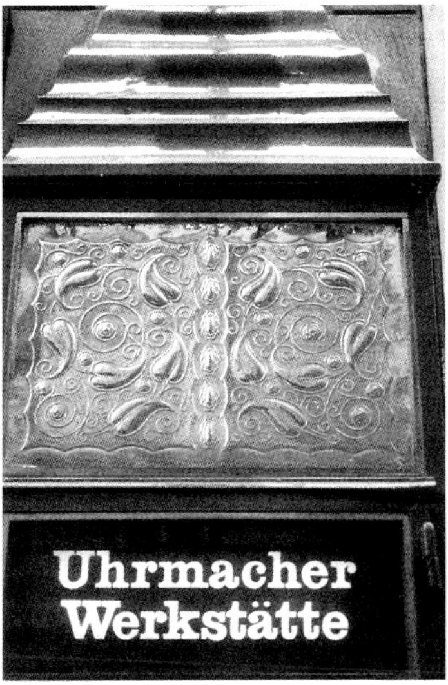

Plankengasse 4

1, Plankengasse 4
(= Spiegelgasse 17)
ZUM SILBERNEN BRUNNEN

Das über schmalem Grundriß errichtete Wohn- und Geschäftshaus wurde 1914 nach Plänen von Robert Oerley erbaut. Die polygonalen mit Kupferblech-Parapettfeldern akzentuierten Ecken des Stahlbetonbaues sind weitgehend in Glas aufgelöst. Im Sockelbereich haben sich noch viele Details der künstlerischen Gestaltung erhalten.

1, Rathauspark
STRAUSS-LANNER-DENKMAL

Das 1905 enthüllte Denkmal wurde von Robert Oerley entworfen, die Bildhauerarbeiten stammen von Franz Seifert.

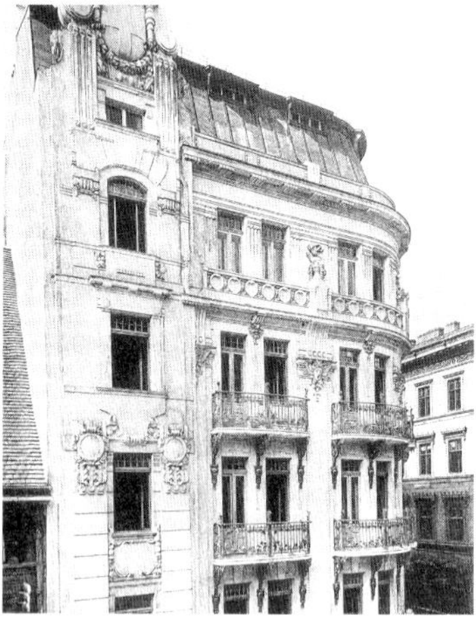

Riemergasse 1–3

1, Riemergasse 1 – 3 (= Wollzeile 28)
HAUS DES BÜRGERLADENFONDS

Wichtigstes Gliederungselement des 1901 durch Albert H. Pecha errichteten Wohn- und Geschäftshauses sind die blattwerkgeschmückten Balkongitter.

1, Riemergasse 6
MANAGETTA'SCHES STIFTUNGSHAUS

Das 1907/08 von Emil u. Paul Hoppe entworfene Miethaus, dessen Fassade mit abgewandelten Zopf- und Plattenmotiven dekoriert ist, ist innerhalb der Wagner-Schule ein frühes Beispiel für die Rückwendung zu historisierenden Formen.

1, Riemergasse 7
GERICHTSGEBÄUDE

Der massige Baublock des vor 1908 nach Plänen von Alfred Keller errichteten Monumentalbaues zeigt eine relativ konventionelle Gliederung: über hohem Sockel Hauptzone mit reich dekorierten Fensterrahmungen in verfremdeten Renaissanceformen, das oberste Geschoß allerdings mit ungewöhnlicher Ornamentik aus in die Putzoberfläche eingesetzten grünen Knöpfen. Halbrund in den Hof vorspringendes Stiegenhaus mit Justitia-Büste.

1, Riemergasse 9
MIETHAUS

Erbaut 1909 von Architekt Felgel von Farnholz, Erkergliederung mit Anklängen an den Heimatstil.

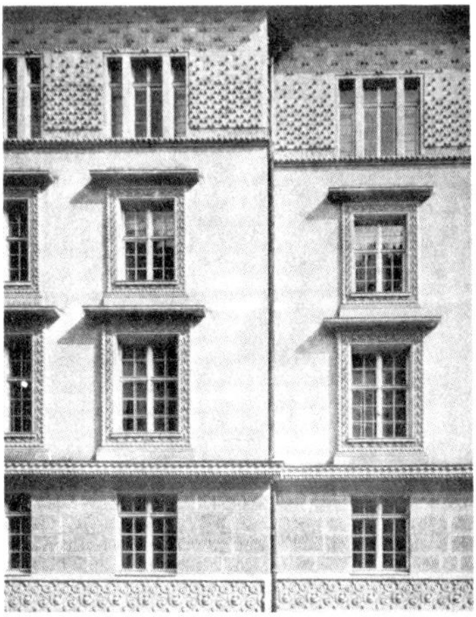

Riemergasse 7

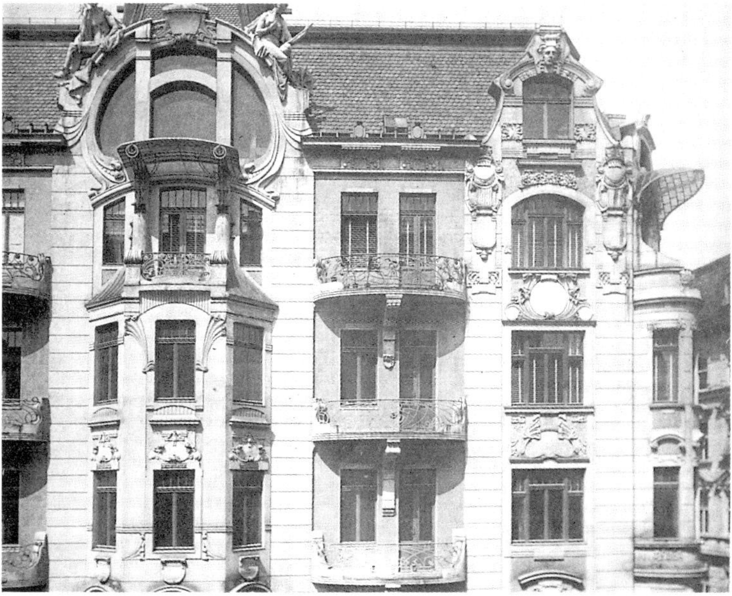

Rotenturmstraße 29, ursprünglicher Zustand

1, Riemergasse 11
MIETHAUS

Erbaut 1910 von August Fondi, kantige Fassadengliederung, Schmuckformen im Stil der Wiener Werkstätte, Vestibül mit bunter, ornamental gestalteter Oberlichte und thronartiger Sitzbank. Achteckige, bunte Stiegenhausfenster.

1, Rotenturmstraße 29
WOHNHAUS

Secessionistisches Großmiethaus von Carl Stephann. Der Architekt war sichtlich bemüht, im Sinn des internationalen Art nouveau weiche Übergänge zu den vorspringenden Bauteilen zu erzielen. Charakteristisch auch die kurvilinearen schmiedeeisernen Balkongeländer. Originales Holz-Glas-Eingangsportal, pompöses mit Spiegeln optisch erweitertes Vestibül, schönes Liftgitter, bunte Stiegenhausfenster.

1, Schottenring 6 – 8
CREDITANSTALT-BANKVEREIN

Typische neoklassizistische Bankarchitektur der Architektengemeinschaft Ernst von

Gotthilf und Alexander von Neumann (erbaut 1909 bis 1912, nach Wettbewerb von 1908). Steinfassade mit leicht konkav geschwungenem Mittelrisalit mit abgetreppter Attika; dorischer Portikus mit reliefierten Bronzeportalen. Eindrucksvolle marmorverkleidete Kassenhalle, deren Betonunterzüge von Arbeiter-Atlanten getragen werden. Ornamentale Bleiglasfenster, originales Mobiliar in Neoempire-Formen.

1, Seilerstätte 24
(=Johannesgasse 19)
GESCHÄFTSLOKAL

Das Ecklokal wurde 1907 von Josef Hoffmann für die K. k. Hof- und Staatsdruckerei gestaltet. Während die Einrichtung verlorenging, ist die Fassadenverkleidung im Erdgeschoß noch weitgehend erhalten. Ähnlich wie beim Palais Stoclet in Brüssel werden Fenster- und Türöffnungen mit runden, ornamental getriebenen Metallprofilen gerahmt, deren ursprünglicher Vergoldung in Kombination mit den (heute unter einem Anstrich verborgenen) schwarzen Marmorplatten eine heraldische Bedeutung zukam. Hoffmann soll übrigens auch an der Planung des 1905 errichteten Hauses, dessen Fassade an der Seilerstätte durch einen markanten überkuppelten Mittelrisalt charakterisiert ist, beteiligt gewesen sein.

1, Spiegelgasse 3
GESCHÄFTSLOKAL

Das elegante, mosaikgeschmückte Geschäftsportal der Glasfirma E. Bakalowits & Söhne entstand 1911 nach Plänen der Architektengemeinschaft Emil Hoppe, Marcel Kammerer und Otto Schönthal.

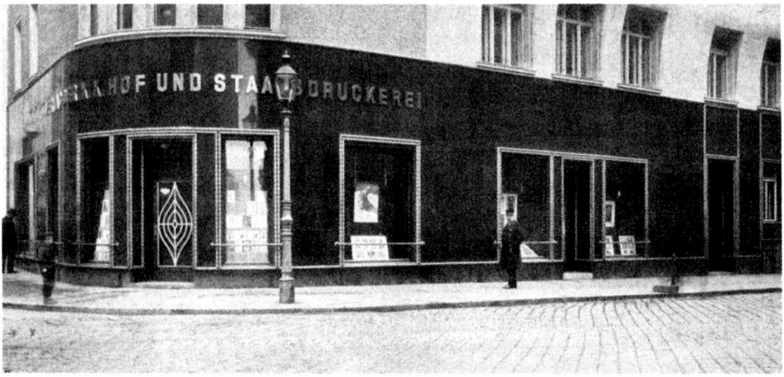

Seilerstätte 24, Geschäftslokal, ursprünglicher Zustand

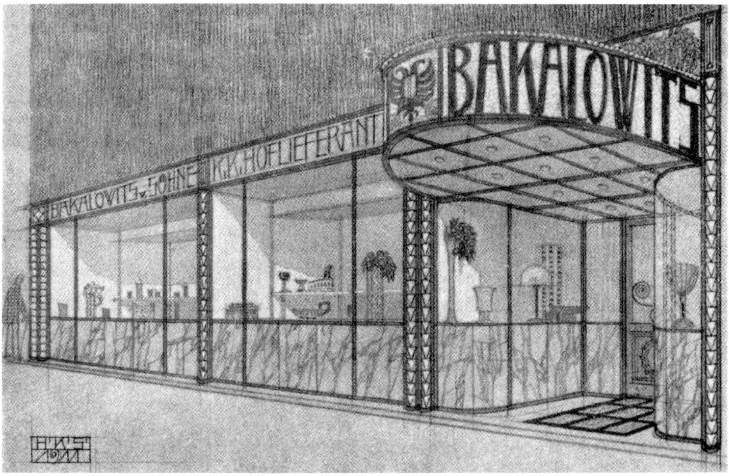

Spiegelgasse 3, Geschäftslokal Bakalowits, Entwurfzeichnung

1 (3), STADTPARK WIENFLUSSPORTAL

Im Zuge der Wienflußverbauung wurde der den Stadtpark teilende, offen belassene Abschnitt des Flußlaufes nach Entwürfen von Friedrich Ohmann und Josef Hackhofer durch begleitende Promenaden, Treppen und plastisches Dekor zu einer eleganten, städtebauliche und gärtnerische Elemente verbindenden Anlage umgestaltet. Ihren Höhepunkt bildet das von überkuppelten Pavillons flankierte Wienflußportal. Hier überwinden breite Freitreppen den Niveauunterschied zwischen den Flußpromenaden und den Portalen in der Parkmauer an der Johannesgasse, die durch Pylonen und hohe Säulen triumphal gestaltet wurde.

Die großzügige Anlage sollte nach dem ursprünglichen Konzept Ohmanns durch verschiedene groteske Tierplastiken, wie Krokodile oder wasserspeiende Elefanten, zusätzliche dramatische Elemente erhalten. Auch die Gebäude des Stadtgartenamtes und der „Trinkhalle" (Meierei) sind Werke Ohmanns.

Die kleine Wetterwarte mit schirmartigem Dach stammt von 1913.

Von den zahlreichen Denkmälern im Stadtpark ist vor allem das bereits vor 1908 entworfene, erst 1923 enthüllte Strauß-Denkmal von Edmund von Hellmer mit den in Walzerseligkeit entschwebenden und

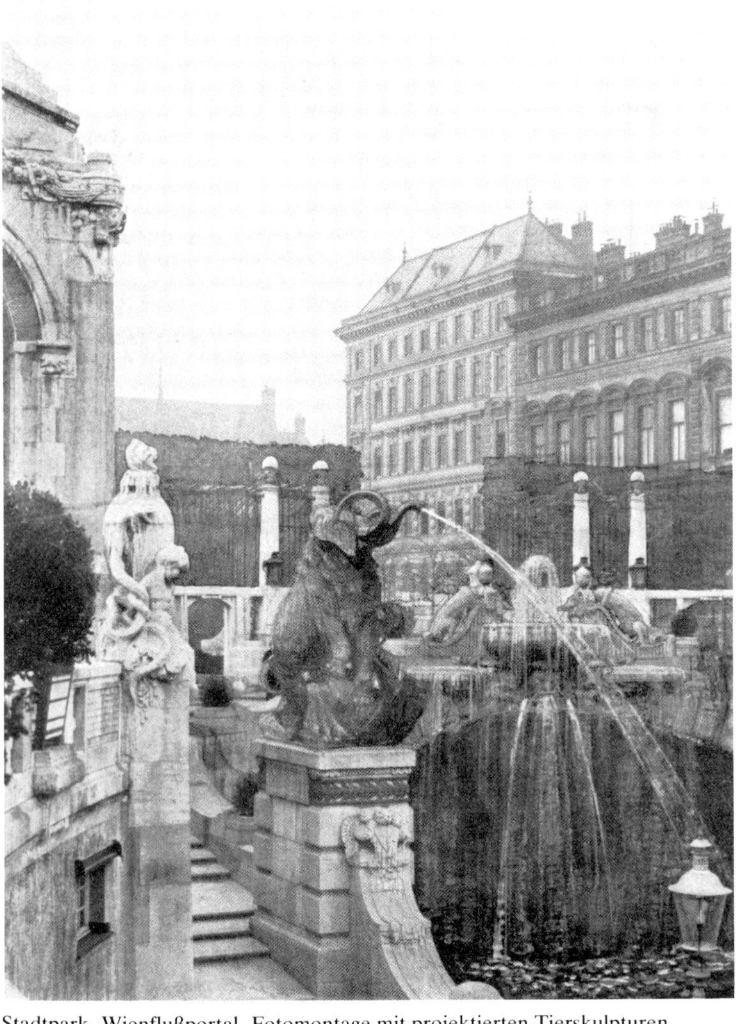

Stadtpark, Wienflußportal, Fotomontage mit projektierten Tierskulpturen

sich vereinigenden Figuren des rahmenden Marmorbogens ein typisches Werk des Jugendstils (der ursprüngliche Entwurf hatte zwei zusätzliche flankierende Figuren – Rathausmann und Donauweibchen – vorgesehen, die zentrale Figur des Walzerkönigs sollte matt vergoldet werden).

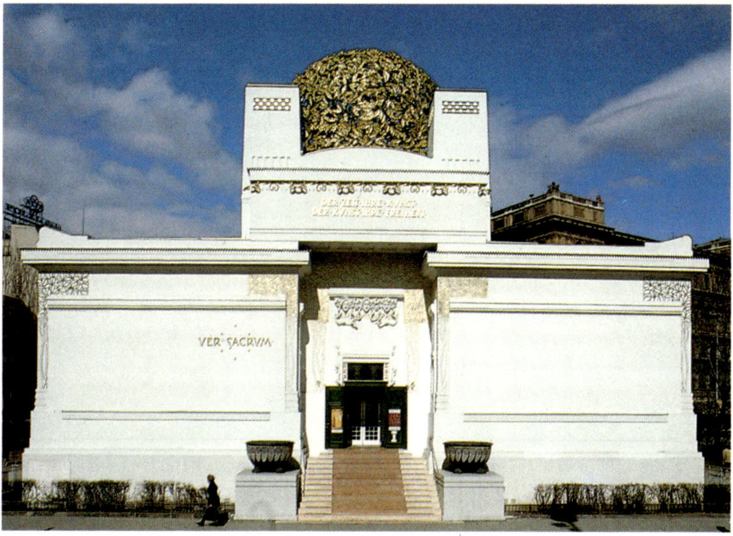

1, Friedrichstraße 12, Secession, Hauptfront

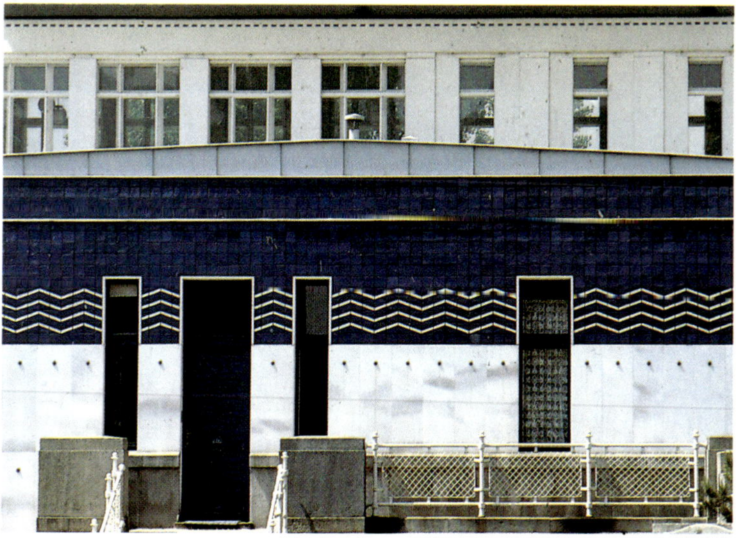

2, Obere Donaustraße 26, Schützenhaus, Seitenansicht

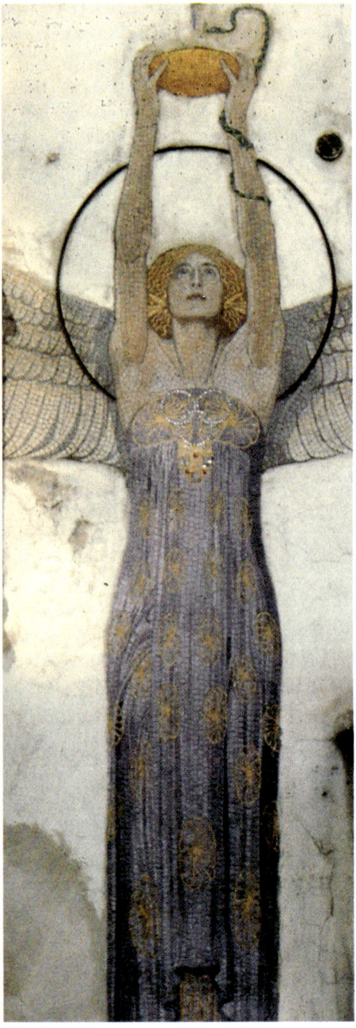

1, Bognergasse 9, Engelapotheke

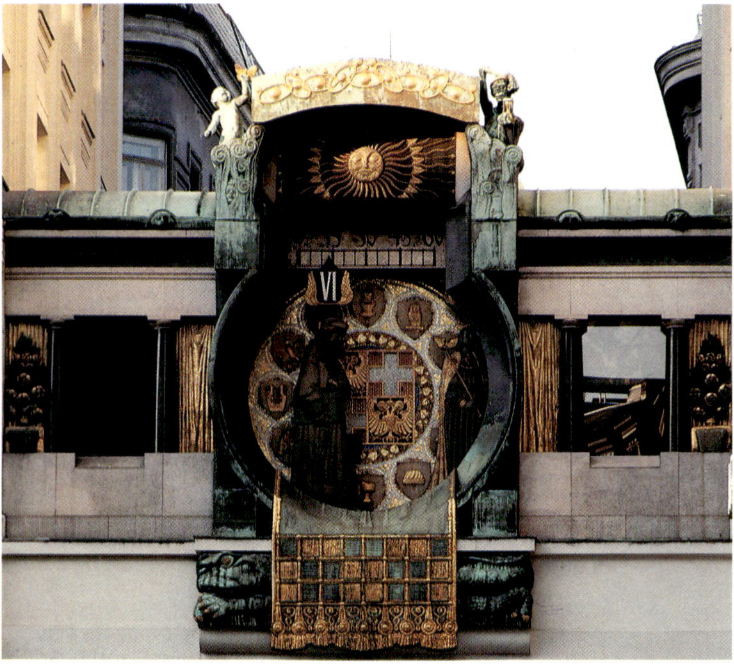

1, Hoher Markt 10–12, Ankeruhr

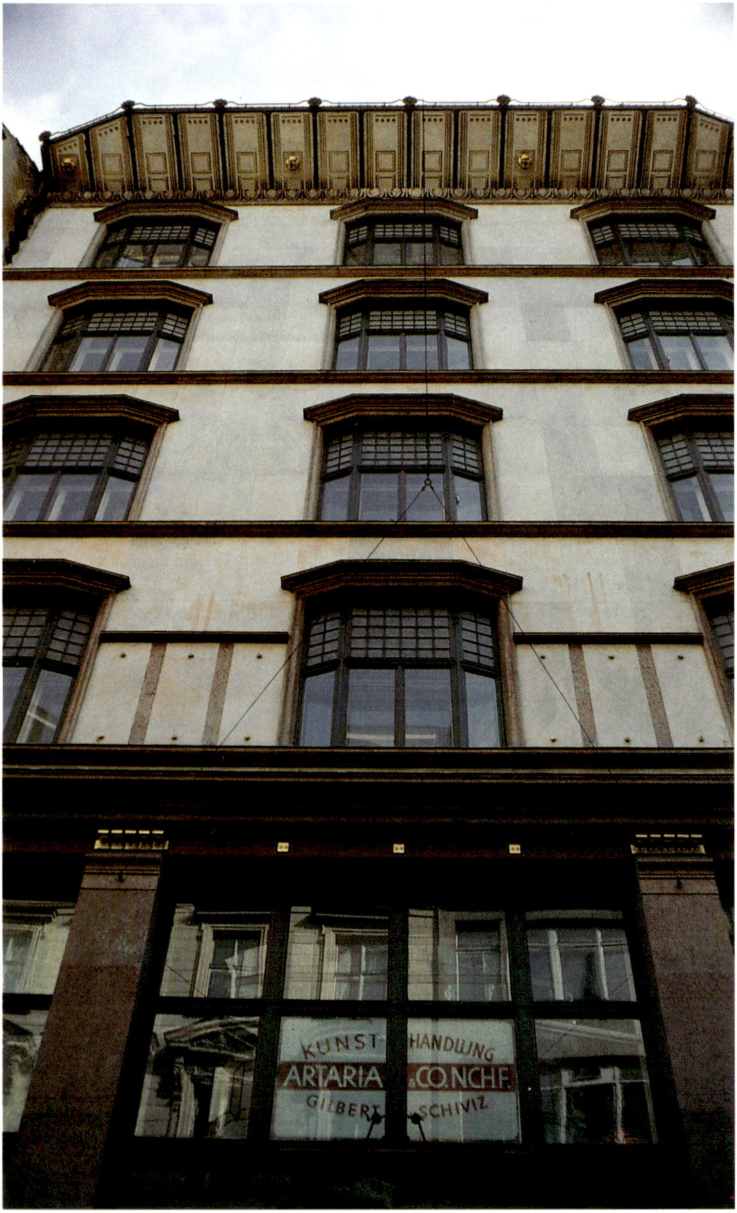

1, Kohlmarkt 9, Artariahaus

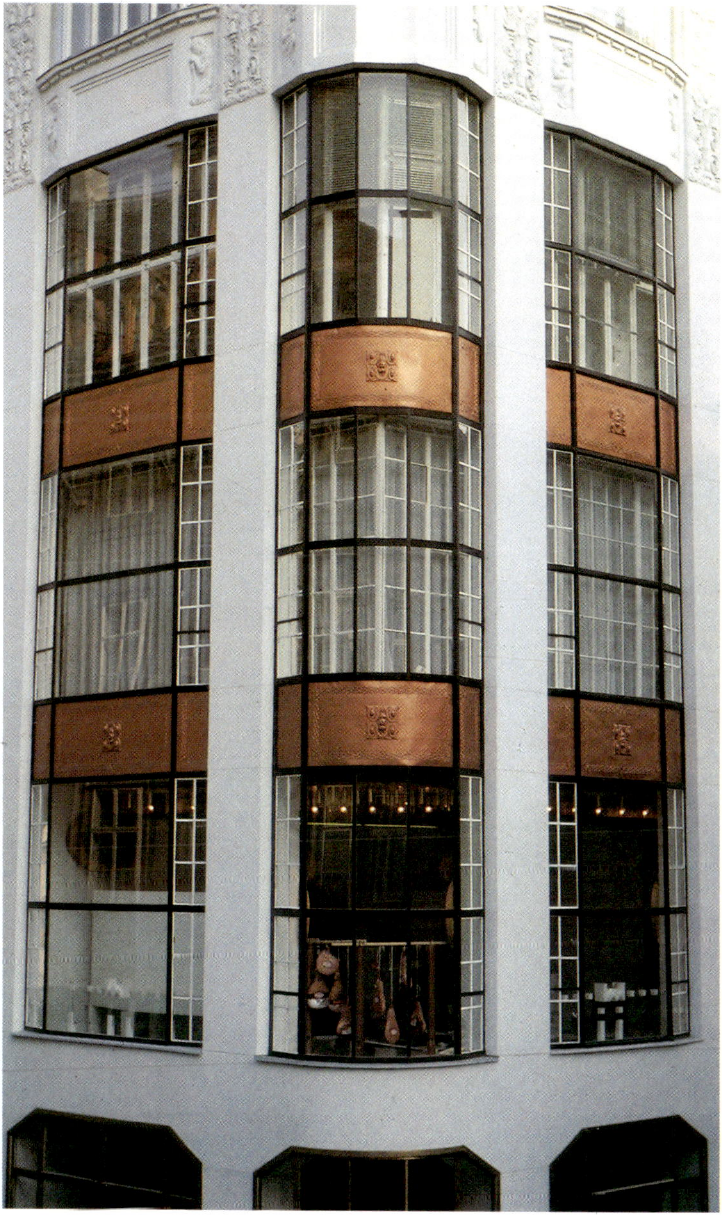

1, Plankengasse 4, Zum silbernen Brunnen

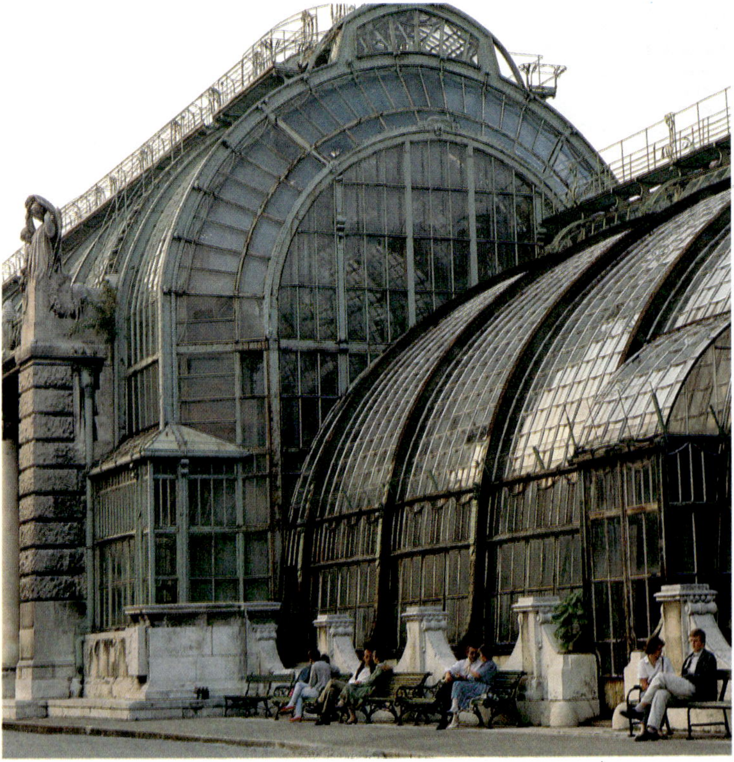

1, Burggarten, Palmenhaus

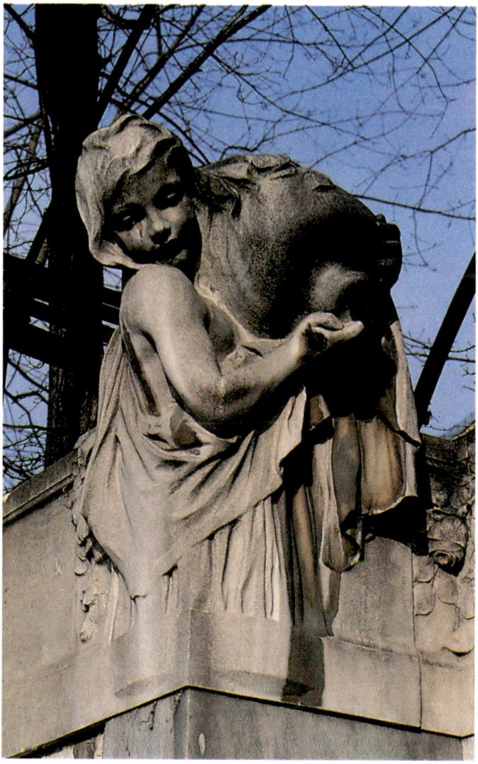

1, Volksgarten, Elisabeth-Denkmal, Detail

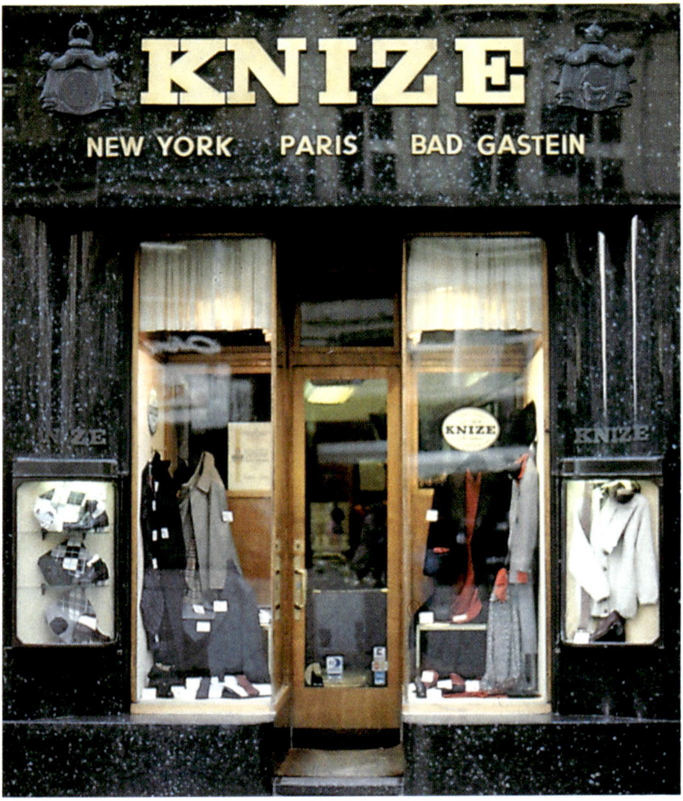

1, Graben 13, Geschäftsportal Kniže

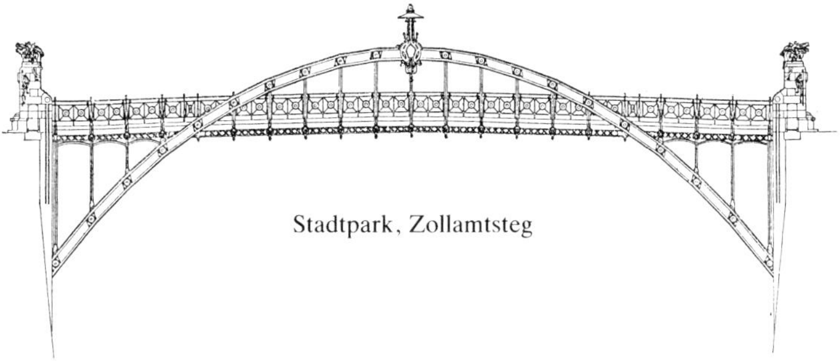

Stadtpark, Zollamtsteg

STADTPARK-BRÜCKEN

Die elegante, an den Enden mit reliefierten Pylonen geschmückte Bogenkonstruktion des Zollamtsteges (Friedrich Ohmann, Josef Hackhofer, 1900/01) überspannt die Wien und die den Fluß in spitzem Winkel überquerende Kastenträgerbrücke der Stadtbahn (heute U4). Ein Jahr zuvor war die Kleine Ungarbrücke, die den Stadtpark mit der Ungargasse verbindet, unter Verwendung älterer Bauteile vom Wiener Stadtbauamt errichtet worden.

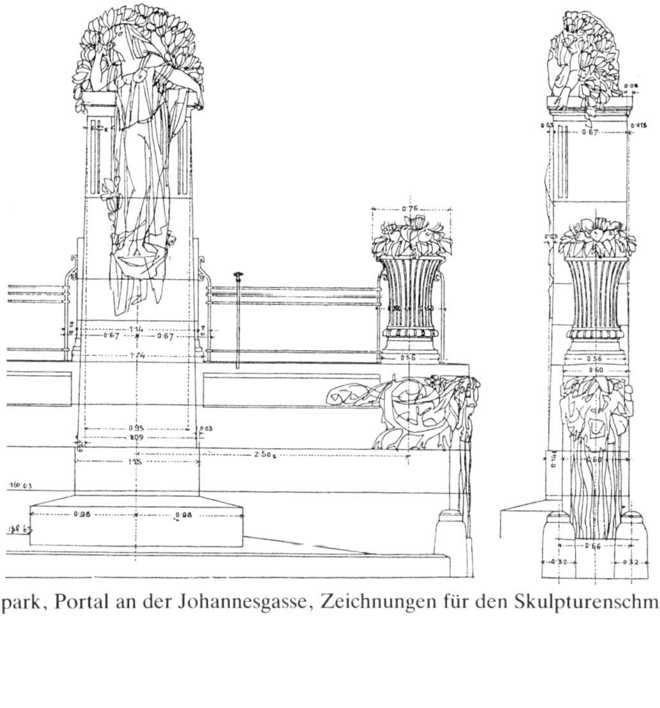

Stadtpark, Portal an der Johannesgasse, Zeichnungen für den Skulpturenschmuck

1, Stallburggasse 2
BRÄUNER-HOF

Nach Plänen von Arnold Heymann 1909/10 errichteter, den ganzen Block einnehmender, an den Ecken abgerundeter Baukörper mit zweigeschossiger Portalzone. Relieffelder mit figuralen Darstellungen. Repräsentatives Vestibül mit inkrustierter Marmorverkleidung.

1, Stubenring 8 – 10
KAMMER DER GEWERBLICHEN WIRTSCHAFT

Das 1905 bis 1907 von Ludwig Baumann errichtete Gebäude der Kammer der gewerblichen Wirtschaft ist vor allem, was die Gestaltung der Details betrifft, wesentlich fortschrittlicher als der gegenüberliegende Bau des ehemaligen Kriegsministeriums (1909 bis 1913) vom selben Architekten. Bemerkenswert das Hauptportal mit den Bronzereliefs an den Doppelsäulen und der in die Oberlichte integrierten Uhr sowie der repräsentative Stiegenaufgang. Ein Teil der Bauplastik stammt von Othmar Schimkowitz. Die figural gestalteten Leuchten in Vestibül und Stiegenhaus von Emanuel Pendl und Carl Wollek.

1, Stubenviertel
ENSEMBLE

Das von Dominikanerbastei, Dr.-Karl-Lueger-Platz, Kai und Stubenring begrenzte Areal war nach dem Abbruch der Kaiser-Franz-Josephs-Kaserne (1898) neu parzelliert worden. Diese „Regulierung" basierte weitgehend

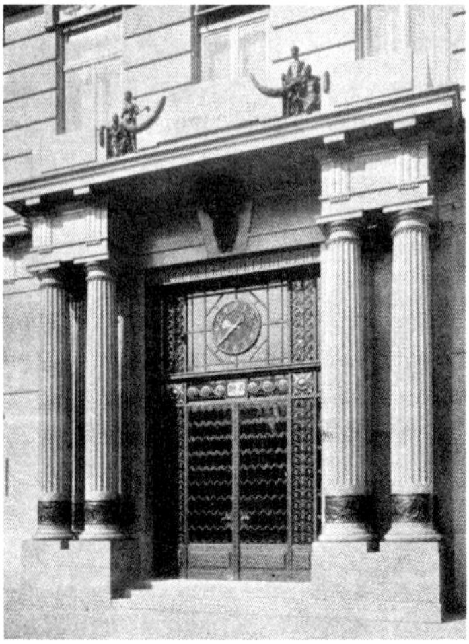

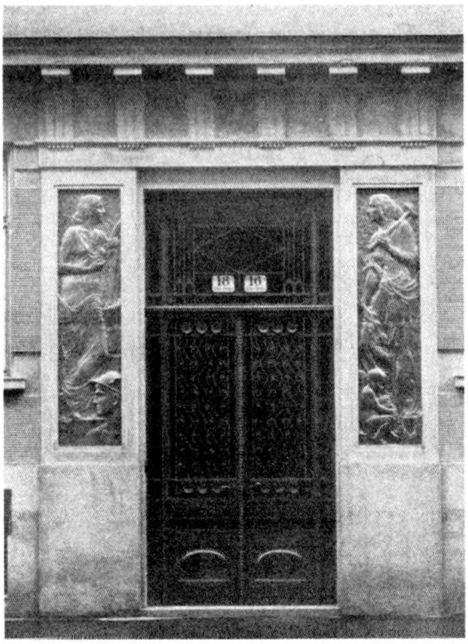

Kammer der gewerblichen Wirtschaft, Hauptportal (links) und Portal in der Biberstraße (rechts)

auf einem Projekt Otto Wagners, der sich an einer diesbezüglichen Konkurrenz beteiligt hatte. Das Viertel, dessen Kern das Gebäude der Postsparkasse (→ Georg-Coch-Platz 2) bildet, wurde im ersten Jahrzehnt des 20. Jahrhunderts verbaut und stellt ein bemerkenswert homogenes spätgründerzeitliches Ensemble dar.

1, Trattnerhof
BÜROGEBÄUDE

Die schmale Gasse entstand nach Abbruch des barocken Trattnerhofes, der 1912 durch zwei Stahlbetonbauten von Rudolf Krauß ersetzt wurde. Stark vertikalisierende Gliederung, bei der die tragenden Betonpfeiler in den Hauptgeschossen pilasterartig gestaltet wurden.

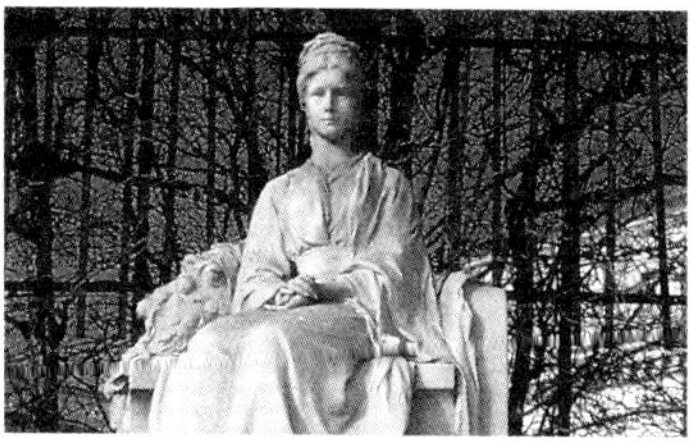

Volksgarten, Elisabeth-Denkmal

1, Tuchlauben 7 – 7 A
TUCHLAUBENHOF

Der Tuchlaubenhof wurde 1912 nach Plänen von E. Spielmann und A. Teller errichtet. Die beiden Baublöcke der Straßenhofanlage zeigen abgerundete Ecken. Die Fenster sind durch weißen keramischen Schmuck zu horizontalen Bändern zusammengefaßt, die auf reizvolle Weise mit der fein geriefelten Putzoberfläche kontrastieren.

1, Uraniastraße 1
URANIA

1909 nach Plänen von Max Fabiani errichtetes Volksbildungshaus mit Sternwarteturm. „In der Urania, dem größten ‚Raumplan‘ in Wien, wird ein geniales Konzept der Saalverschachtelung geschaffen, der konservativen Jury zuliebe aber mit einer ‚historischen‘ Ummantelung verdeckt, was im Wagnerkreis einen Skandal hervorruft“ (Boris Podrecca). Eindrucksvolle städtebauliche Lösung am Übergang zwischen Ringstraße und Kai.

1, Volksgarten
ELISABETH-DENKMAL

1907 wurde das Denkmal für die 1898 ermordete Kaiserin errichtet. Die gärtnerisch gestaltete, durch orthogonale Brunnenbecken bereicherte Anlage stammt von Friedrich Ohmann, die Plastik schuf Hans Bitterlich.

1, Weihburggasse 10 – 12
BÜROGEBÄUDE

1911 von Guido Gröger in Stahlbetonbauweise errichteter sachlicher Bürobau. Das Dekor ist teilweise von der Wiener Werkstätte beeinflußt.

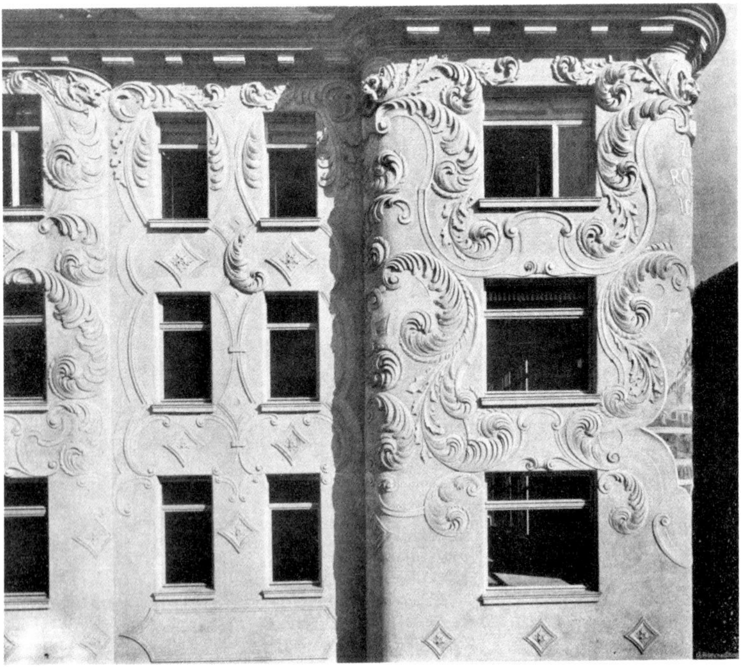

Wildpretmarkt 1, ursprünglicher Zustand

1, Wildpretmarkt 1
MIETHAUS

Erst nach bereits erfolgtem Beginn der Bauarbeiten erhielt Max Fabiani 1904 den Auftrag, die endgültige Gestaltung des Hauses zu übernehmen. Während die originelle Straußenfedern-Putzornamentik nach Kriegsschäden nicht wiederhergestellt wurde – nur das auf das Vorgängerhaus „Zum roten Igel" bezugnehmende Eckemblem blieb erhalten –, befinden sich Stiegenhaus und Vestibül mit polychrom ornamentierten Terrazzoböden, Stuckornamentik und Liftgitter noch weitgehend im originalen Zustand.

1, Wollzeile 17
WOHNHAUS

1911 von Eugen Felgel v. Farnholz errichtet. Die Fassade wird durch drei flach vorgewölbte „Erker" gegliedert. In den Parapettfeldern geometrisierende Würfel- und Scheibenornamentik. Bemerkenswertes Vestibül mit buntem Glasfenster.

■ ■ 2. BEZIRK ■ ■

2, Engerthstraße 257
KÜHL- UND GEFRIERHAUS

Nach Plänen von Heinrich Goldemund errichteter wuchtiger Betonskelettbau. Bemerkenswert die expressionistisch gestalteten, mit spitzgiebeligen Vordächern akzentuierten Portale.

2, Große Sperlgasse 38 (= Kleine Pfarrgasse 18)
MIETHAUS

1912 von Jakob Reitzer gestaltete spätsecessionistische vertikalisierende Fassadengliederung

2, Obere Donaustraße 26
SCHÜTZENHAUS

Das 1904 bis 1908 nach Plänen Otto Wagners errichtete Schützenhaus ist Teil der ehemaligen Staustufe Kaiserbad (siehe auch 19, Nußdorfer Lände). In dem Gebäude befand sich im Obergeschoß ein fixer Wehrkran, mit dessen Hilfe ein sonst im Strombett versenktes Wehrgerüst aufgestellt werden konnte, in das dann durch einen zweiten beweglichen Kran die Schütztafeln einzusetzen waren. Die technische „Gehäusefunktion" des Schützenhauses war ursprünglich durch die herausragenden Kranteile noch deutlicher, doch ist die Glaskanzel des Obergeschosses noch als Führerstand für den Wehrkran erkennbar. Die strenge rationale Gliederung ist für den späten Stil Otto Wagners typisch: Der Sockel ist mit Granit, die mittlere Zone mit weißen Marmorplatten verkleidet. Der

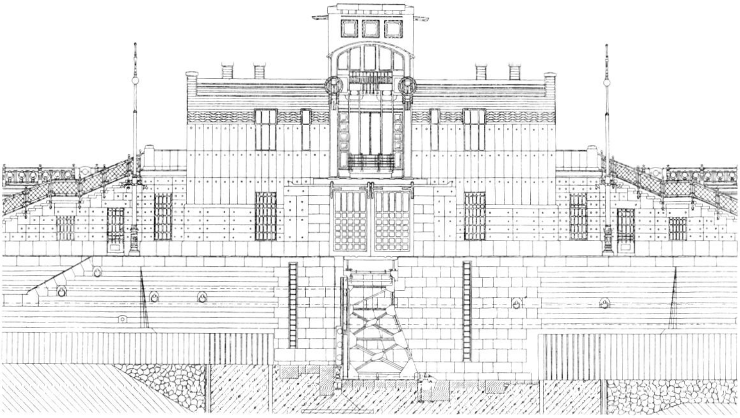

Schützenhaus, Schnitt durch die Wehranlage

abschließende, blauverflieste friesartige Streifen unter dem Dach ist sehr zurückhaltend mit weißen Wellenlinien dekoriert.

2, Obere Donaustraße 79
DONAUHOF

Spätsecessionistisches Zinshaus von 1913, Vestibül mit mehrfarbiger Fliesenverkleidung.

2, Prater
TRABRENNVEREIN

Die noch heute „modern" wirkenden Stahlbetonkonstruktionen der Tribünenanlagen wurden 1911 bis 1913 nach Plänen von Otto Schönthal und Emil Hoppe errichtet, wobei teilweise traditionelle Formen der Holzarchitektur auf den Betonbau übertragen wurden. Bei dem fünfgeschossigen, von einem dreiteiligen Laternenaufbau bekrönten Schiedsrichterturm handelt es sich „um eine der interessantesten Stahlskelettkonstruktionen Wiens" (Wehdorn).

2, Praterstraße 9
(=Große Mohrengasse 2)
MIETHAUS

1912/13 von Jakob Reitzer an städtebaulich wichtiger Stelle errichtet, die Ecke durch tempiettoartige Bekrönung mit eingestellten Säulen akzentuiert.

2, Praterstraße 25
(=Zirkusgasse 8)
FÜRSTENHOF

Das imposante, von Rudolf Perco 1913 in neoklassizistischen Formen errichtete Miethaus war urspünglich von einem hohen Dachaufsatz bekrönt. Plastiken im Attikageschoß – Allegorien der vier Jahreszeiten – von Alfonso Canciani. Im Stiegenhaus bunte Glasfenster.

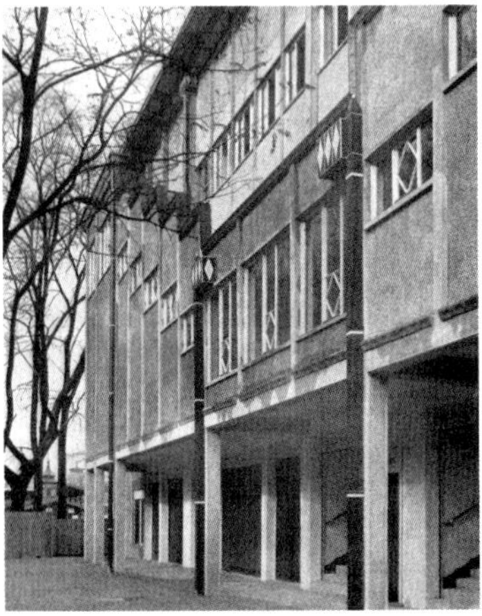

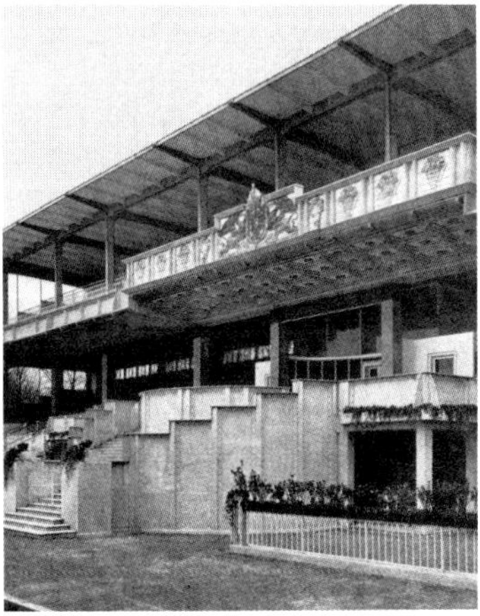

Trabrennverein, Tribünenanlage (links Rückseite)

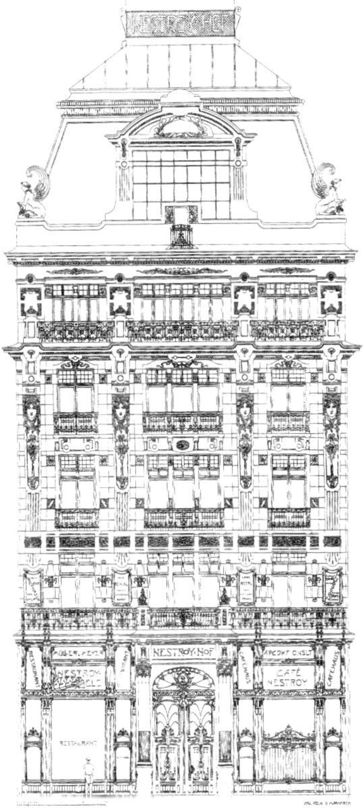

Praterstraße 34, Nestroyhof, Aufriß

2, Praterstraße 34 (= Czerningasse 2 = Tempelgasse 1)
NESTROYHOF

1898/99 von Oskar Marmorek in frühsecessionistischen Formen errichtet. Pilastergliederung, appliziertes Dekor mit Maskenmotiven. Das kreisrunde Entree ursprünglich auch Eingangshalle zum ,,Intimen Theater'', von dem heute nur mehr Reste der künstlerischen Ausstattung erhalten sind.

2, Praterstraße 48
WOHNHAUS

Die Hauptgeschosse des 1913/14 nach Plänen von Max Gottlieb errichteten Hauses zeigen eine blaue Fliesenverkleidung. Farblich abgesetzte, einfach dekorierte Parapettfelder sowie Balkons tragen zu einer Verlebendigung der Fläche bei. (Die Untergeschosse waren ursprünglich mit schwarzen Fliesen verkleidet.)

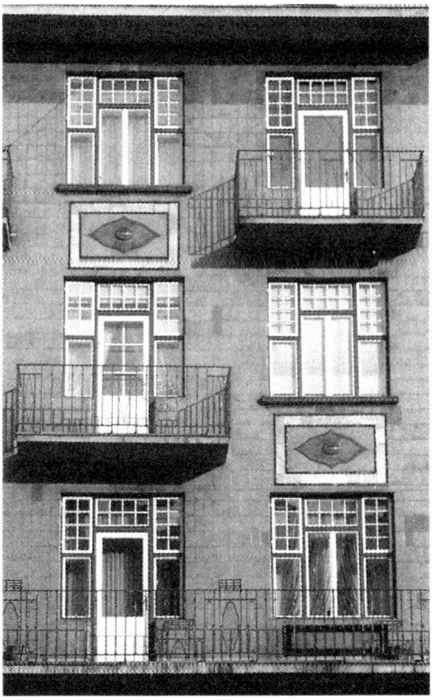

Praterstraße 48

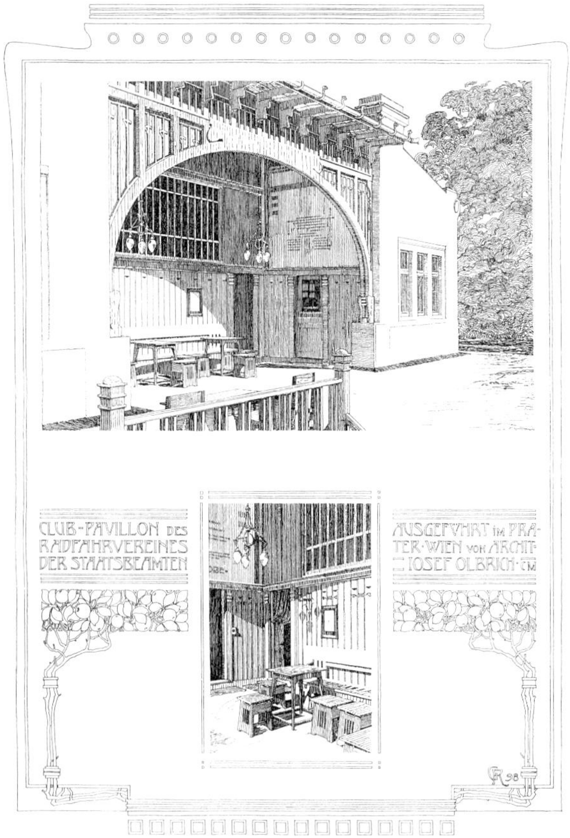

Rustenschacherallee 7, Darstellung des ursprünglichen Zustands

2, Rustenschacherallee 7
PAVILLON

Das kleine Pavillongebäude, das in seiner Erscheinung den Untergrundstationen der Stadtbahn gleicht, wurde 1898 von Josef Maria Olbrich für den Radfahrverein der Hof- und Staatsbeamten errichtet. (Gliederung heute vereinfacht.)

2, Taborstraße 36
MIETHAUS

Von Erwin Raimann in den Jahren 1912 bis 1915 errichtetes siebengeschossiges Wohnhaus; ondulierende Fassade durch vier flache runde Erker, in den Parapettfeldern des 5. Obergeschosses Relieffelder mit liegenden Aktfiguren.

3. BEZIRK

3, Baumanngasse
ENSEMBLE

Die um 1900 geplante Durchzugsstraße parallel zur Landstraßer Hauptstraße wurde nur im nordwestlichen Teil verwirklicht. Einheitliche Verbauung 1902 bis 1904 (Planung größtenteils von Jakob Wohlschläger). Bei den Fassaden Kombination von späthistoristischen und secessionistischen Elementen.

3, Dannebergplatz-Viertel
ENSEMBLE

Das von der Ungargasse, der Landstraßer Hauptstraße, der Hintzerstraße und der südlichen Zeile des Dannebergplatzes begrenzte Viertel, dessen Hauptachse die Neulinggasse bildet, stellt ein geschlossenes Ensemble von hoher städtebaulicher und künstlerischer Qualität dar. Die großbürgerlichen Zinspalais dieses Wohnviertels mit ihren durch Erker, Giebel, Loggien und Balkons stark plastisch gegliederten und mit späthistoristischem und secessionistischem Dekor reich geschmückten Fassaden entstanden zwischen 1900 und 1914, nach Parzellierung der ehemaligen Arenbergschen Gartengründe.

3, Dannebergplatz 11
WOHNHAUS

Das 1906 nach Plänen von Georg Berger erbaute Haus zeigt eine ausgeprägt secessionistische Fassade mit reizvoller Portallösung.

3, Esteplatz-Viertel
ENSEMBLE

Das um einen langgestreckten, mit der Landstraßer Hauptstraße durch die Weyrgasse verbundenen Platz angelegte Wohnhausviertel entstand in der Zeit zwischen 1910 und 1914. Die meist neoklassizistisch instrumentierten, monumental wirkenden Bauten weisen repräsentative Foyers und Stiegenhäuser auf. (Siehe auch 3, Landstraßer Hauptstraße 23 – 25.)

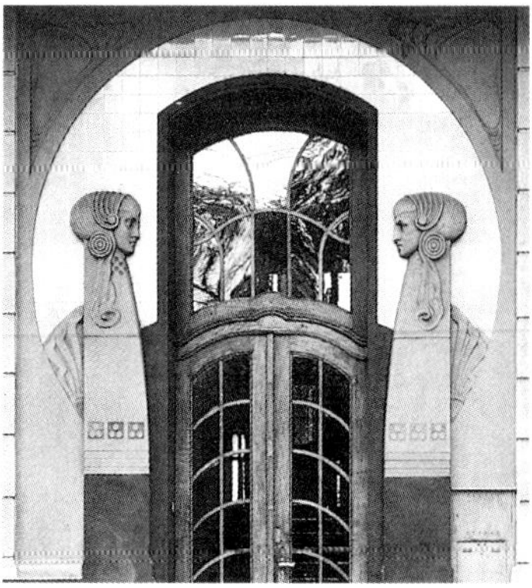

Dannebergplatz 11, Portal

3, Fasangasse 12
MIETHAUS

Die Fassade des 1900 von Max Gottlieb erbauten Hauses ist deutlich von Otto Wagners Stadtbahnstationen beeinflußt.

3, Invalidenstraßen-Viertel
ENSEMBLE

Das spätsecessionistische Wohnhausensemble im Bereich Invalidenstraße – Untere Viaduktstraße entstand 1910/11 nach Abbruch des alten Invalidenhauses (Invalidenstraße 1 – 11).

3, Invalidenstraße 5 – 7
WOHNHAUS

In dem 1911 nach Plänen von Arthur Baron errichteten Doppelhaus sind auch das marmorvertäfelte Vestibül und das mit bunten Glasfenstern (in der Art Michael Powolnys) ausgestattete Stiegenhaus sehenswert.

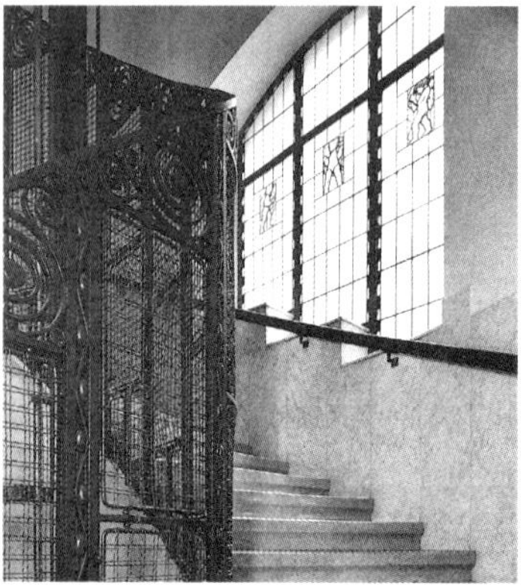

Invalidenstraße 5–7, Stiegenhaus

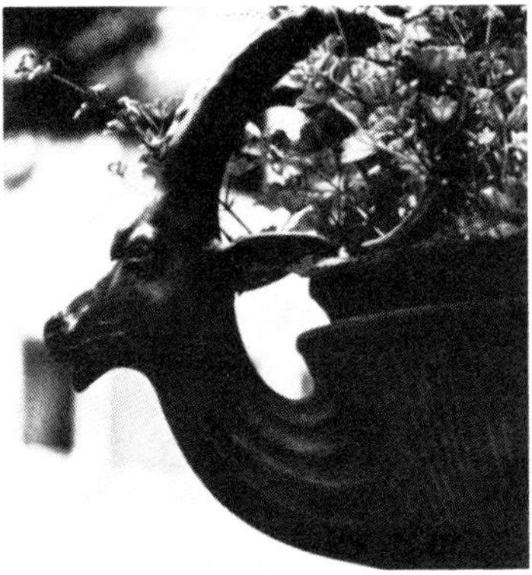

Karl-Borromäus-Brunnen, Detail

3, Karl-Borromäus-Platz
KARL-BORROMÄUS-BRUNNEN

Der Brunnen war 1904 aus Anlaß des 60. Geburtstages Karl Luegers von der Stadt Wien in Auftrag gegeben worden. Die Ausführung wurde dem Maler und Bildhauer Josef Engelhart übertragen, der später den Architekten Josef Plečnik beizog. Auf einem runden Basisbecken stehen drei von Putti getragene Schalen. Diese sind durch Brücken miteinander verbunden, auf denen Figurengruppen Szenen aus dem Leben des heiligen Karl darstellen. Die Komposition wird – nach römischen Vorbildern – von einem Obelisken bekrönt. In der städtebaulich gelungenen Platzgestaltung entstand durch Absenken des Niveaus und Errichtung niedriger Mauern ein intimer Bereich um den Brunnen, der zusätzlich durch Bäume abgeschirmt wird.

3, Landstraßer Hauptstraße 15 (= Gärtnergasse 17)
WOHNHAUS

In den Jahren 1899/1900 von der Architektengemeinschaft Kupka und Orglmeister errichteter Bau mit reicher Gliederung in figuralen und vegetabilen Formen der frühen Secession.

3, Landstraßer Hauptstraße 21 (= Czapkagasse 8)
WOHNHAUS

Der Mittelteil des 1912 von Karl Haybäck erbauten Mietpalais wird durch rote, mit Metallringen verzierte Steinpilaster gegliedert.

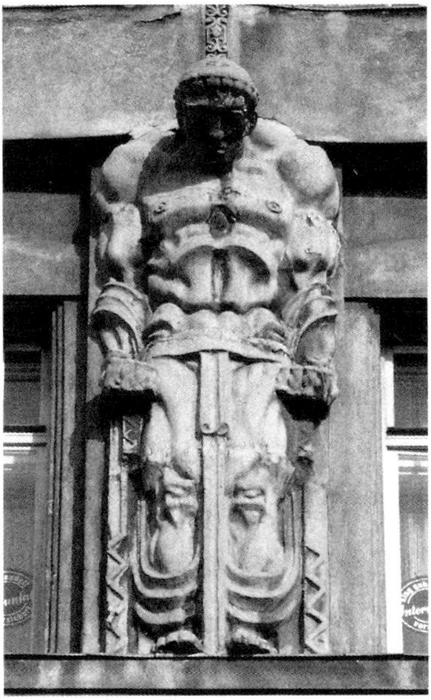

Landstraße Hauptstraße 23–25, Atlant

3, Landstraßer Hauptstr. 23 – 25 (= Weyrgasse 6 – 8 = Czapkagasse 10)
WOHNHAUS

Das Doppelhaus entstand 1912 nach Plänen von Leopold Fuchs. Die Front an der Landstraßer Hauptstraße weist stilistisch sehr fortschrittliche, bereits expressionistisch gestaltete Atlantenfiguren auf (siehe auch 3, Esteplatz-Viertel).

3, Landstraßer Hauptstraße 113 (= Apostelgasse 36)
WOHNHAUS

1912 von Hans Dwořak errichtetes Miethaus mit abgerundeter, überhöhter Ecklösung.

3, Lothringerstraße 20
KONZERTHAUS

Der für die 1910 gegründete Wiener Konzerthausgesellschaft in den Jahren 1912 bis 1913 errichtete Bau ist eines der letzten Werke der vielbeschäftigten Theaterarchitekten Ferdinand Fellner und Hermann Helmer. An der Planung war auch Ludwig Baumann beteiligt. Die originale künstlerische Ausstattung der Eingangshalle und der drei Konzertsäle ist noch zum größten Teil erhalten. Am Podest der zweiläufigen Stiege mit originalen Bleiglasfenstern Marmorrelief: Huldigung für Kaiser Franz Joseph von Edmund von Hellmer (1913).

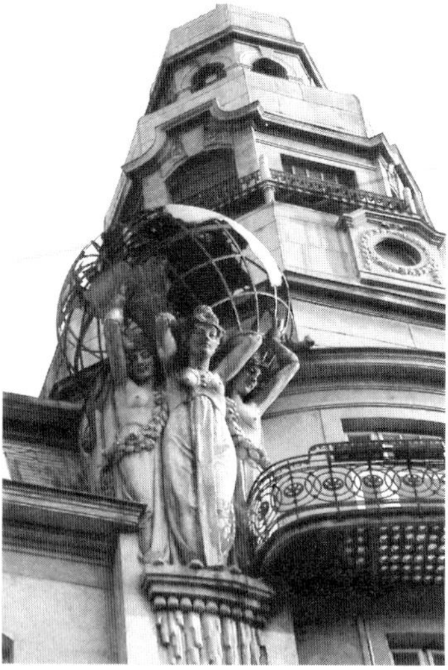

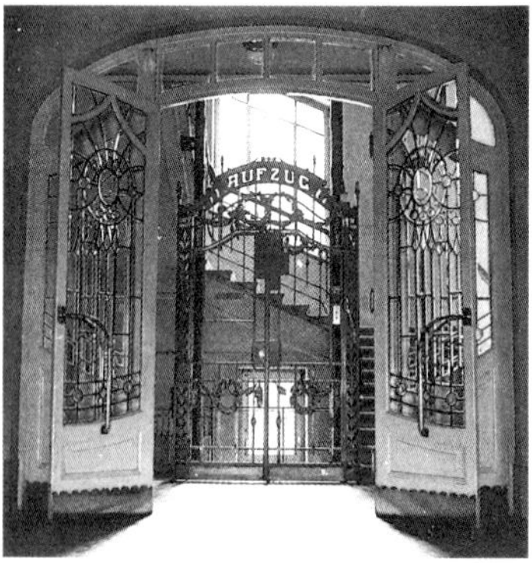

Löwengasse 47–47 A (beide Abb.)

3, Löwengasse 47 – 47 A
PALAIS DES BEAUX ARTS

Das 1908/09 von den Architekten Anton und Josef Drexler errichtete monumentale Eckhaus sollte ursprünglich das Modezentrum „Chic Parisien" beherbergen. Dementsprechend modisch auch die äußere Gestaltung, die auf eigenwillige Weise Elemente des Wiener Späthistorismus mit Motiven des westeuropäischen Art nouveau verbindet. Der gelenkartig eingeschobene Eckturm wird von Globen tragenden Frauengruppen flankiert. Repräsentatives Foyer mit bronzierten figuralen Relieffeldern.

3, Mohsgasse 3
(= Fasangasse 40)
WOHNHAUS

Das 1903 von Otto Kuntschik und Adolph Langer errichtete secessionistische Miethaus ist deutlich von dem Otto-Wagner-Haus 6, Linke Wienzeile 38 beeinflußt.

3, RADETZKYBRÜCKE

Die in den Jahren 1899/1900 nach Entwürfen von Friedrich Ohmann und Josef Hackhofer errichtete Straßenbrücke über den Wienfluß ist reich mit Jugendstilornamentik geschmückt, wobei die Dekorformen beim Strompfeiler aus dem Motiv der sich brechenden Wellen entwickelt sind.

3, Reisnerstraße 27 – 29
WOHNHAUS

Das unter dem Einfluß der Wiener Werkstätte elegant gestaltete Doppelmiethaus (Lehrmann und Walter, 1913) wird von einem loggienartig geöffneten

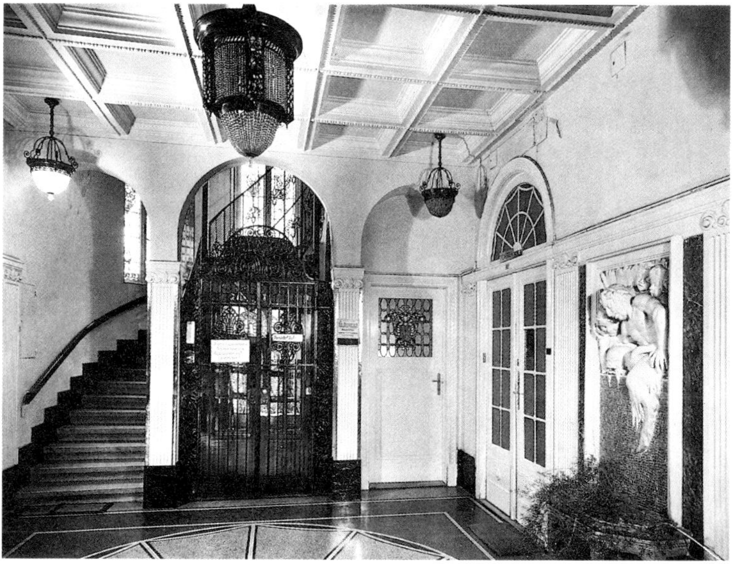

Reisnerstraße 27–29, Vestibül

Attikageschoß mit Doppelsäulenstellungen abgeschlossen. Doppelsäulen flankieren auch die Portale. In der Kapitellzone sind Puttigruppen gleichsam als tragende Atlanten eingesetzt. Repräsentatives Foyer (schwarzer Marmor, Kassettendecken, Stuckdekor).

3, Rennweg 1, 3, 5
(= Auenbruggergasse 2
= Traungasse 15)

WOHNBAUTEN VON OTTO WAGNER

Die Dreiergruppe wurde 1890/91 von Otto Wagner errichtet. Die Wohnbauten nehmen in seinem Oeuvre eine Übergangsstellung zwischen Historismus und Jugendstil ein. Das Mittelstück bildet das Haus Rennweg 3, das Wagner als sein Privatpalais baute und das später von der Familie Hoyos erworben wurde. Der obere Bereich der Fassade ist reich mit zartem, teils figuralem, teils auch ornamental-groteskem Stuckdekor überzogen. Mit den runden Fenstern des letzten Stockwerks wurde ein Motiv barocker Palastarchitektur zitiert. Das Haus Nr. 5 ist mit horizontalen Ornamentfriesen schlichter gegliedert. Hier wohnte Gustav Mahler von 1898 bis 1909. Die Fassade von Rennweg 1 wurde nach Kriegsschäden vereinfacht.

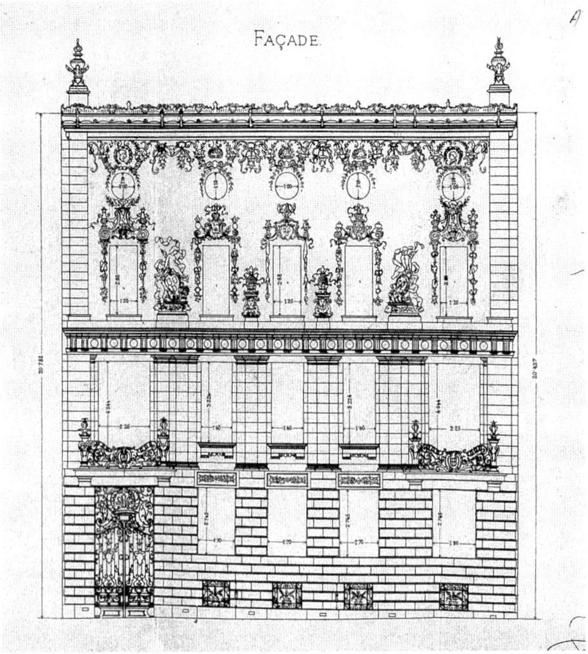

Rennweg 3, Fassadenplan

3, Rennweg 12a
ÖSTERREICHISCHE STAATSDRUCKEREI

Der durch kubische (von ondulierenden Gittern bekrönte und mit großen Doppeladlerreliefs geschmückte) Dachaufbauten charakterisierte, sonst jedoch sachlich gestaltete Erweiterungsbau der Österreichischen Staatsdruckerei entstand 1907/08 nach Plänen von Alfred Kern – die von der Wiener Werkstätte ausgeführten Raumausstattungen sind nicht erhalten.

3, Rudolf-von-Alt-Platz
ENSEMBLE

Die sieben U-förmig angeordneten Häuser dieser reizvollen, einheitlich gestalteten Platzanlage entstanden zwischen 1906 und 1910.

3, Steingasse 15
WOHNHAUS UND ATELIER

1901 von Ferdinand Fellner (III) für den bekannten Jugendstilmaler Josef Engelhart errichtetes Wohnhaus, an das hofseitig ein Ateliergebäude anschließt.

An der Straßenfront ein von Rudolf Bacher sehr realistisch modellierter Lindwurm in Bleiguß, der in einer vergitterten Nische über dem Portal „eingesperrt“ ist.

3, Ungargasse 2
WOHNHAUS

Die reiche Gliederung dieses Eckzinshauses von Hans Dwořak (1909) trägt der städtebaulich wichtigen Position Rechnung.

3, Ungargasse 59 – 61
GESCHÄFTSHAUS PORTOIS & FIX

1899 bis 1901 von Max Fabiani für die Möbelfirma Portois & Fix errichtetes Geschäftshaus mit außergewöhnlich fortschrittlicher Fassadengestaltung: Über der ursprünglich mit schwedischem Granit verkleideten Sockelzone sind die Hauptgeschosse mit einer Fliesenoberfläche versehen – im Prinzip eine ähnliche Lösung wie bei dem im Jahr zuvor entstandenen Majolikahaus in der Linken Wienzeile 40. Doch während dort der üppige florale Jugendstildekor, der die Fassade überspinnt, keinen Bezug zur Struktur des Bekleidungsmaterials zeigt, nützt Fabiani die Rasterung der Fliesenoberfläche, indem er zwei Grüntöne zu einer zarten, feingliedrigen, aber streng geometrischen Ornamentik kombiniert, in die

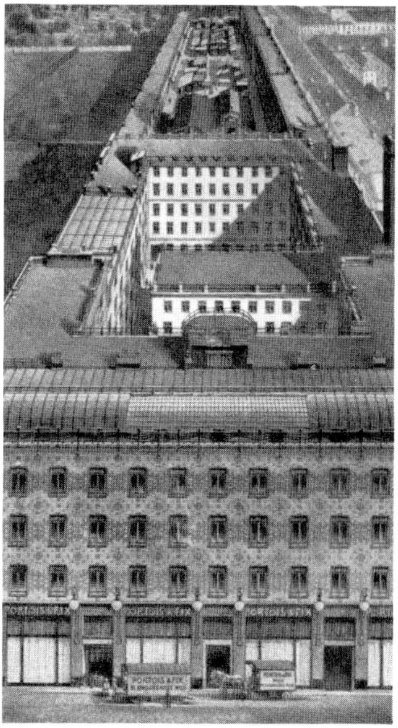

Portois & Fix, ursprünglicher Zustand

auch das orthogonale Geschoß- und Achsensystem der Fassade einbezogen ist. Die glatte Oberfläche wird sparsam durch ein plastisches Metalldekor bereichert: So sind die Metallrahmen der Fenster unter dem Sturz durch einen stilisierten gerafften „Vorhang“ geschmückt; die Spangen für die Halterung des grazilen Traufgitters übergreifen das ondulierend ornamentierte Traufgesims und enden in kleinen Krallen vor der Fliesenoberfläche. Mehr noch als beim Majolikahaus, wo die Wirkung der glatten Front durch plastische Applikationen und den textilen Charakter des Blütenmusters gemildert war, hinterließ das „felsenfeste, schimmernde Material", dessen spiegelnde Oberfläche von keinen Gesimsen unterbrochen wurde, beim Publikum das bis dahin nur plastisch durchgegliederte Putzfassaden gewohnt war, den frappierenden Eindruck einer noch nie gesehenen Neuheit. Die weitläufigen Hoftrakte wurden in jüngerer Zeit durch Neubauten ersetzt.

3, Untere Viaduktgasse 35 (= Bechardgasse 16 – 18 = Kegelgasse 5 – 7)
MARXERHOF

Von der ursprünglichen – mehrere um einen großen Hof gruppierten Wohnbauten vorsehenden – Planung wurde nur ein Teil verwirklicht. Die Fassaden zeigen die für den vielbeschäftigten Architekten Hans Dwořak charakteristischen Gestaltungselemente: scharfkantig abgesetzte Erker, abgerundete Ecken, dichte horizontale Nutzung, geometrisierende Ornamentik.

3, Vordere Zollamtsstraße 9
AMTSGEBÄUDE

Das Gebäude der Marinesektion des Kriegsministeriums entstand 1906 nach Plänen von Ing. E. Fenderl und Baumeister F. Reichel. Das Kordongesims über dem ersten Obergeschoß ist mit Mosaikwappen der Hafenstädte der Monarchie geschmückt.

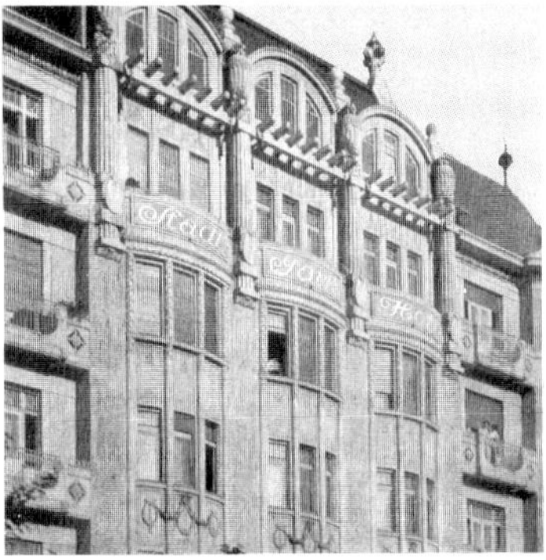

Vordere Zollamtstraße 11

3, Vordere Zollamtsstraße 11
STADT-PARK-HOF

1907/08 von Arthur Baron errichtetes Miethaus. Kubischer Baukörper mit kühler, vertikalisierender Gliederung. Das Innere überrascht mit einer Flucht aufwendig gestalteter Vestibüle, die mit weißen, von farbigen Mosaikstreifen gerahmten Glasplatten verkleidet sind. Stiegenhausfenster mit reizvollen Glasmalereien.

3, Weißgerberlände
ENSEMBLE

Die um 1910 am parkartig gestalteten Donaukanalufer errichtete Verbauung mit großbürgerlichen Miethäusern (Weißgerberlände 18 – 56, Untere Weißgerberlände 15 – 21) bildet ein bemerkenswertes Ensemble, bei dem die verschiedensten stilistischen Strömungen dieser Zeit vertreten sind.

■ ■ 4. BEZIRK ■ ■

4, Alois-Drasche-Park-Viertel
ENSEMBLE

Das ehemalige „Blecherne-Turm-Feld" wurde um 1900 parzelliert und planmäßig verbaut. Die Häuser sind meist von der hinteren Gassenfront zu betreten, sie öffnen sich gegen den zentralen, parkartig gestalteten Platz in zahlreichen Balkons und Loggien.

4, Alois-Drasche-Park 8 und 9
WOHNHÄUSER

Die beiden Häuser wurden 1902 von Otto Wagner jun. errichtet. Bei dem Haus Nr. 8 ist der Kontrast zwischen der glatten Fassadenfläche und dem polychromen, vegetabilen Jugendstil-Fliesendekor im Bereich der Balkons interessant (vgl. 13, Schloßberggasse 14).

4, Argentinierstraße 26
WOHNHAUS

Das monumental gestaltete großbürgerliche Miethaus wurde 1911 nach Plänen von Ernst Epstein errichtet. Sehenswert auch Stiegenaufgang und Foyer.

4, Argentinierstraße 49
CAFÉ GOLDEGG

Die kürzlich restaurierte Neoempire-Ausstattung geht auf das Jahr 1910 zurück.

4, Brahmsplatz
ENSEMBLE

Die städtebaulich interessante Anlage mit großbürgerlichen, um einen hofartigen Platz gruppierten Miethäusern entstand in den Jahren 1897 bis 1902.

4, Danhausergasse 10
BEI DEN ZWEI LINDEN

Das 1913 nach Plänen von Hans Prutscher errichtete Miethaus zeigt die für diesen Architekten charakteristische wellenförmig-schwingende Fassadengestaltung (siehe auch 5, Nikolsdorfer Gasse 10 oder 7, Lerchenfelder Straße 35).

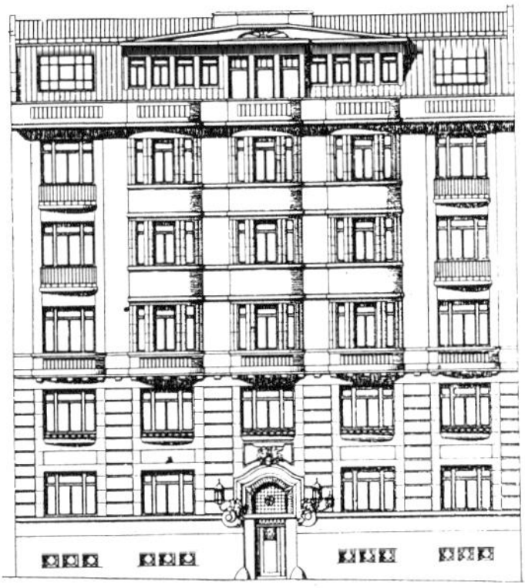

Danhausergasse 10, Aufriß

4, Frankenberggasse 3
WOHNHAUS

Das Mietpalais wurde 1910 von den Wagner-Schülern Emil Hoppe, Marcel Kammerer sowie von Otto Schönthal errichtet. Die symmetrische, schlicht gegliederte Fassade zeigt im Bereich des Erdgeschosses und an den Fenstergewänden Gußsteindekor in Formen der Wiener Werkstätte. Über dem Eingang befindet sich ein Glas-Majolika-Mosaik von Leopold Forstner.

4, Lothringerstraße 2 (=Maderstraße 1)
MIETHAUS

Der fünfgeschossige große Wohnbau mit polygonaler, überkuppelter Ecke entstand 1904/05 nach Plänen von Ludwig Müller. Der Fond der mit eigentümlich spröder hybrider Ornamentik dekorierten Fassaden ist teilweise mit „eingelegten" dunkelblauen Majolikaplatten farbig abgesetzt.

4, Margaretenstraße 22
WOHN- UND GESCHÄFTSHAUS

1912 von Arthur Baron errichteter Bau mit sparsamer, aber durch tiefliegende Fenster (Bay-windows im 1. Obergeschoß) und profilierte Wandpfeiler plastischer orthogonaler Fassadengestaltung. Im Stiegenhaus farbige Glasfenster, Liftgitter mit für die Zeit typischen Schneckenmotiven.

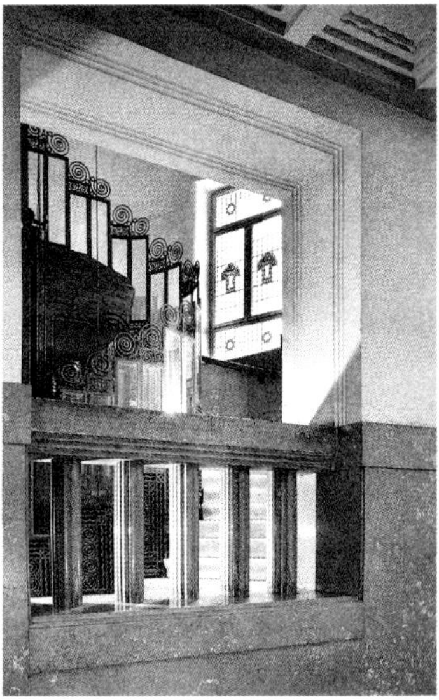

Margaretenstraße 22, Vestibül

4, Mozartplatz
MOZARTBRUNNNEN

Die Plastik des 1905 angelegten Brunnens zeigt Pamina und Tamino, der durch sein Flötenspiel Ungeheuer abwehrt (Szene aus dem letzten Akt der „Zauberflöte") und stammt von Carl Wollek; am Gesamtentwurf war Otto Schönthal beteiligt.

4, Paulanergasse 12 und 14
WOHNBAUTEN

Die beiden im Sinn der Ständerarchitektur vertikalisierend gegliederten Miethäuser wurden 1910 und 1911 nach Plänen von Ernst Epstein errichtet.

4, Preßgasse 4
WOHNHAUS

Bei dem 1912 von Ernest & Thalwitzer erbauten Haus fällt vor allem die interessante, triumphbogenartige Portallösung auf. Die Fensterachsen werden im dritten Obergeschoß rundbogig abgeschlossen.

4, Preßgasse 9
WOHNHAUS

Das 1907 nach Plänen von Jadriněek & Boxhorn errichtete Haus ist ein spätes Beispiel für die Anwendung von kurvilinearen Jugendstilformen.

4, Rechte Wienzeile
MARKTAMTS-PAVILLON
→ **6, Linke Wienzeile**
ENSEMBLE

4, Schikanedergasse 2
(=Margaretenstraße 24)
WOHNHAUS

Das 1903 nach Plänen von Oskar Neumann und Arthur Baron errichtete Eckmiethaus zeigt reichen Jugendstildekor. Die aufwendig gestaltete Dachzone wurde ursprünglich durch einen Aufsatz über dem Eckerker bekrönt. Bemerkenswert die ondulierenden Metallbalkons mit Glasböden im letzten Stockwerk.

4, Schleifmühlgasse 1
(=Wiedner Hauptstraße 22-24)
WIEDNER HOF

Das repräsentative Eckzinshaus entstand 1900 (Architekt Franz von Neumann). Reich dekorierte Stuckfassaden mit spät-

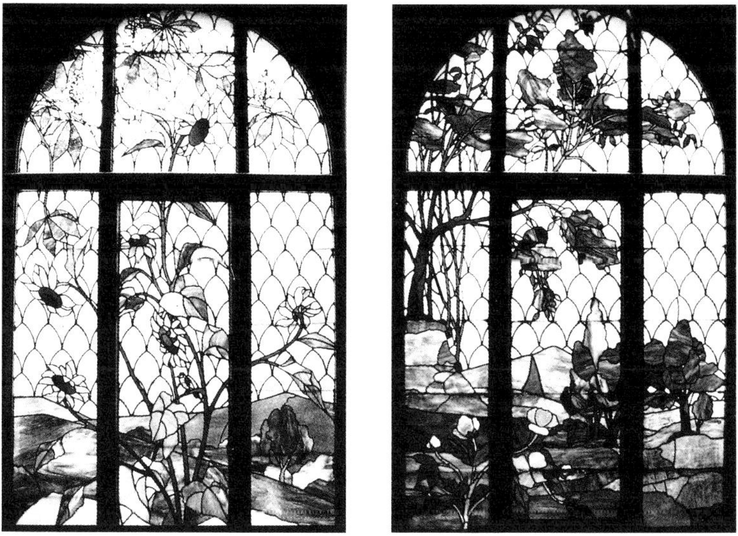

Schleifmühlgasse 1, Stiegenhausfenster

historistisch-secessionistischen Motiven. Über der erkergeschmückten Ecke hoher Dachaufsatz mit Portraitbüste. Im Stiegenhaus eindrucksvolle rundbogige Glasfenster mit farbigen Baum- und Landschaftsdarstellungen.

4, Schleifmühlgasse 3
PAULANERHOF

Der „Paulanerhof" wurde 1910 nach Plänen von Ernst Epstein errichtet. Während die Fensterflächen in den Hauptgeschossen polygonal vorgewölbt sind (Baywindows), sind sie im letzten Stockwerk loggienartig eingezogen. Durch Säulenstellungen wird dieser markante Fassadenabschluß zusätzlich akzentuiert.

4, Schleifmühlgasse 5
MIETHAUS

Wie das Nachbarhaus 1910 von Ernst Epstein entworfen. Baywindows zwischen angedeuteten Wandpfeilern, die linke Achse in Loggien geöffnet. Die ursprünglich auch an den Parapettfeldern der Obergeschosse vorhandene Steinverkleidung im Erdgeschoß erhalten. Stiegenhaus und Vestibül wie beim Nachbarhaus mit zweifarbiger Marmorvertäfelung.

4, (1., 3.) Schwarzenbergplatz
ENSEMBLE

Der äußere, jenseits der (über dem eingewölbten Wienfluß verlaufenden) Lothringerstraße gelegene Teil des Schwarzenbergplatzes unterscheidet sich in seiner bewegteren, offeneren Struktur deutlich von der älteren, streng historistischen inneren Platzanlage im 1. Bezirk.

4, Schwarzenbergplatz 7
HAUS DER WIENER KAUFMANNSCHAFT

Beispiel für eine noch historistische neobarocke Lösung (Ernst von Gotthilf 1905), bei der allerdings die großdimensionierten Attikaplastiken von Josef Heu in ihrer verselbständigten künstlerischen Wirkung eher der Stilauffassung des Jugendstils entsprechen.

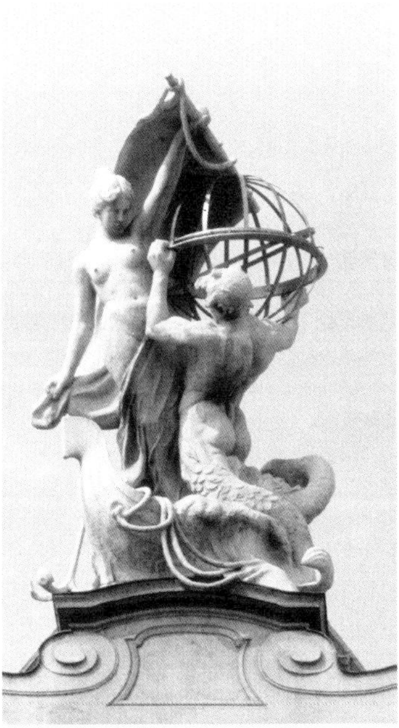

Haus der Kaufmannschaft, Attikaplastik

4, Schwarzenbergplatz 12 (= Technikerstraße 2 = Brucknergasse 1)
FRANZÖSISCHE BOTSCHAFT

Das elegante Gebäude der französischen Botschaft wurde 1904 bis 1912 nach Plänen des Architekten Paul Chedanne errichtet. Damit entstand in Wien ein Werk des französischen Jugendstils, bei dem auch Anklänge an die französische Palast-Architektur des 18. Jahrhunderts spürbar werden.

Die dreigeschossige Front gegen den Schwarzenbergplatz wird von Seitenrisaliten flankiert, deren Giebelfelder durch prächtige vergoldete Reliefs geschmückt sind. („Austria" und „France" von Paul Gasq und François Sicard.) Die Beletage öffnet sich in Rundbogenfeldern auf eine von Scheinarkaden getragene Balkonterrasse, die das niedrige Erdgeschoß überschattet. Für den Jugendstil westlicher Prägung typisch ist das organische Verschmelzen von Mauermasse und Ornament. Die Postamente der Reliefs, die Sohlbankgesimse, die Konsolen des Kranzgesimses scheinen übergangslos aus der zart genuteten Oberfläche herauszuwachsen. Im Gegensatz dazu zeigt das kunstvolle Metallgitter, das die Gartenanlage umsäumt, spröde, bizarre Formen.

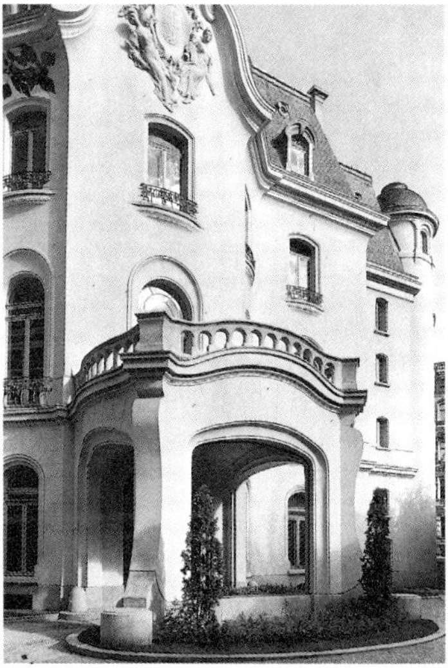

Französische Botschaft, Mittelrisalit der Hoffassade mit kartuschengeschmücktem Giebel, kurvilinear gestaltete Vorhalle

4, Tilgnerstraße 4
WOHNHAUS

Sehenswert das üppig ausgestattete Vestibül mit der bunt verglasten Hoftüre (Kupka und Orglmeister, 1897).

4, Wohllebengasse 4
WOHNHAUS

Für dieses betont vornehm und gediegen gestaltete Miethaus mit dem repräsentativen Foyer erhielten die Architekten Franz von Krauss und Josef Tölk im Jahre 1912 einen Preis der Stadt Wien.

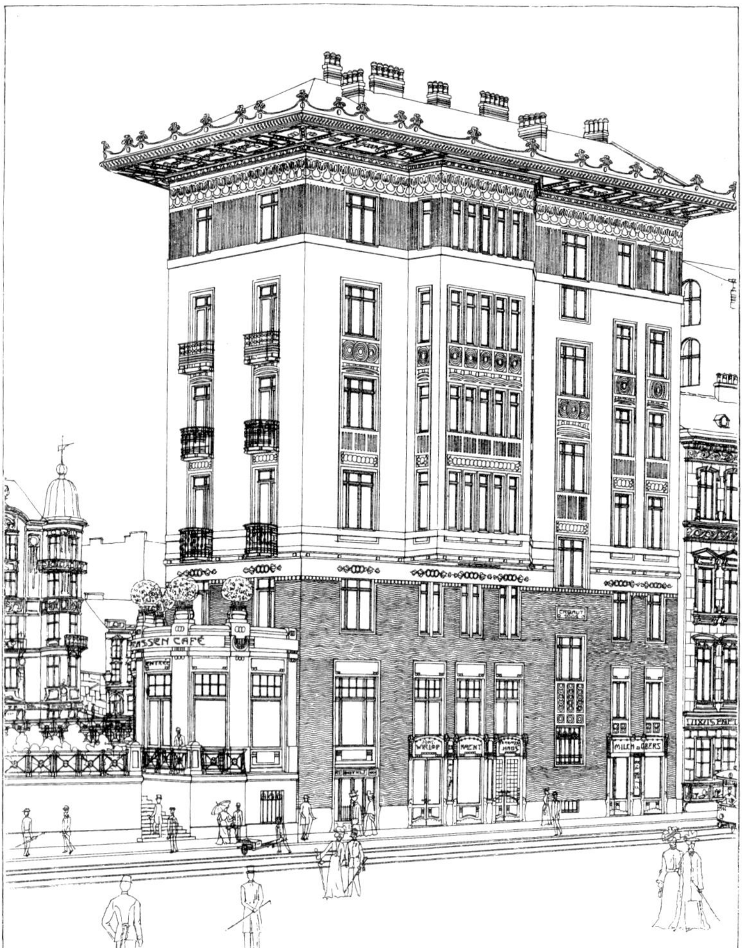

Hamburgerstraße 20, Rüdigerhof, Darstellung des ursprünglichen Zustands

■ ■ 5. BEZIRK ■ ■

5, Hamburgerstraße
ENSEMBLE

Mit ihrer großstädtischen Verbauung aus qualitätvollen Miethäusern bildet die Hamburgerstraße eines der bedeutendsten Ensembles der Wiener Architektur um 1900.

5, Hamburgerstraße 8
WOHNHAUS

Das 1902 von H. Stierlin errichtete Wohnhaus zeigt an seiner schmalen, durch die Kombination von Putz- und Klinkeroberflächen abwechslungsreich gestalteten Fassade Formen des westeuropäischen Jugendstils.

5, Hamburgerstraße 12
MIETHAUS

Einer der frühesten Bauten von Josef Drexler (1899), bei dem secessionistisches Dekor verwendet wurde.

5, Hamburgerstraße 16
→ 5, Steggasse 1

5, Hamburgerstraße 20
(= Rechte Wienzeile 67)
RÜDIGERHOF

Das weithin sichtbare siebengeschossige Dreifrontenhaus wurde 1902 nach Plänen von Oskar Marmorek errichtet. Die hohe, fast turmartig wirkende Stirnfront, die von einem flachen, schirmförmig vorspringenden Dach bekrönt wird, ist von wesentlicher städtebaulicher Bedeutung.

5, Högelmüllergasse 1 A
(= Reinprechtsdorfer Straße 30)
MIETHAUS

Das secessionistische Wohnhaus mit Pilastergliederung entstand 1905 nach Plänen von Leopold Fuchs.

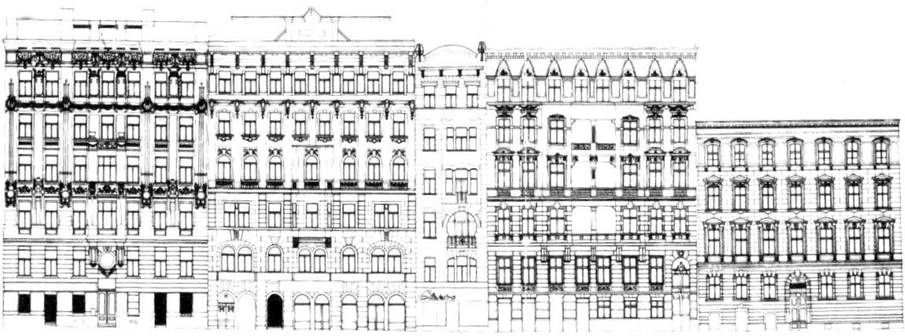

Hamburgerstraße, Ensemble, fotogrammetrische Darstellung

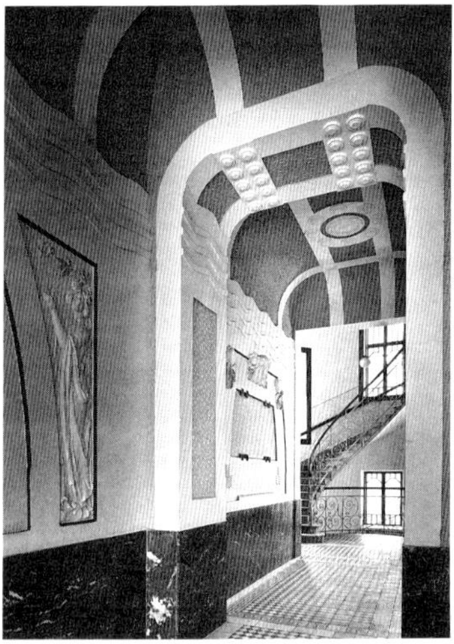

Högelmüllergasse 2 B, Vestibül

5, Högelmüllergasse 1 B, 2 B
WOHNHÄUSER

Die beiden einander gegenüberliegenden, analog gestalteten Miethäuser wurden 1905/06 nach Plänen von Wilhelm Nowack errichtet. Die durch Nutung und kräftige Gesimse horizontalisierend gegliederten Baukörper mit abgerundeten Ecken zeigen eine Verdichtung der Ornamentformen in den oberen Geschossen. Originell gestaltet sind die Portale und die mit reichem figuralem Stuckdekor geschmückten Vestibüle.

5, Jahngasse 30
WOHNHAUS

1911 von Anton Schwertmann und Hermann Stierlin errichtetes Haus. Interessante Portallösung.

5, Kettenbrückengasse 20
WOHNHAUS

Das 1912 errichtete Miethaus ist ein Werk der Brüder Hubert und Franz Gessner. Im erkerartig vorspringenden Mittelteil starke Spannung zwischen vertikalisierenden und horizontalisierenden Elementen. Im neoklassizistisch gestalteten Foyer buntes ovales Glasfenster in der Oberlichte.

5, Laurenzgasse 4
MIETHAUS

1913 vom Wagner-Schüler Leopold Hoheisl sachlich gestalteter Bau, bei dem ähnlich wie bei Otto Wagners späten Wohnbauten (7, Neustiftgasse 40) die Fenster in einen orthogonalen, in die Putzoberfläche eingeritzten Raster eingespannt wirken.

5, Margaretenstraße 78
MIETHAUS

Bei dem 1913/14 von Karl von Kély klassizierend gestalteten monumentalen Miethaus sind die Erschließungsräume besonders luxuriös ausgestattet. Das Vestibül ist mit verschiedenfarbigem inkrustiertem Marmor verkleidet, das Stiegenhaus (mit Bleiglasfenstern) zeigt dagegen eine dunkle Holzvertäfelung.

5, Margaretenstraße 100
WOHNHAUS

Das 1902 von Hans Schimitzek errichtete Miethaus zeigt eine für Wien ungewöhnliche Fassaden-

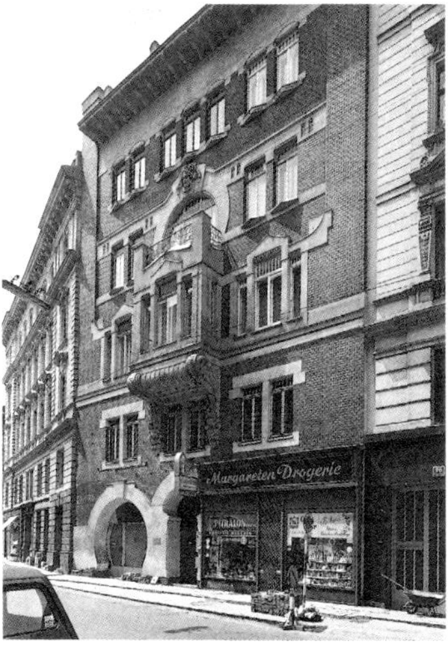

Margaretenstraße 100

gliederung. Die zweifarbige Klinkeroberfläche kontrastiert mit der flächigen Putzgliederung, bei der nur die dreieckig geformten Sohlbankgesimse plastisch ausgebildet sind. Hier wurden Elemente der Wagner-Schule und des internationalen Jugendstils zu einer sehr eigenwilligen Lösung kompiliert, wobei vor allem die hufeisenförmigen Tür- und Fensteröffnungen auffallen. Der plastische, figurale bzw. zoomorphe Schmuck – Frösche an den Erkerkonsolen, eine Maske im Keilstein des Mittelfensters im dritten Obergeschoß – war ursprünglich noch durch einen gemalten Flamingofries unter dem Dachgesims ergänzt worden. Interessant auch das „schilfrohrgeschmückte" Portal.

5, Margaretenstraße 106
MIETHAUS

Die Fassade des 1905 von dem Wagner-Schüler Karl Benirschke entworfenen Wohnhauses zeigt über einer relativ konventionell gestalteten Sockelzone typisch secessionistische Dekorformen, wobei neben geometrisierendem Plattendekor auch noch Masken und Rankenmotive eingesetzt wurden.

5, Margaretenstraße 134
MIETHAUS

Otto Wytrlik, ein Schüler Otto Wagners, gestaltete die Fassade, die Verwandtschaften mit Lösungen Josef Plečniks aufweist (5, Steggasse 1). Die durch akzentuiert eingesetzten geometrisierenden Schmuck betonte Orthogonalität wird durch ondulierendes Lineament im Risalitbereich diskret durchbrochen.

5, Margaretenstraße 166
EISENBAHNERHEIM

Das 1912/13 nach Plänen von Hubert Gessner erbaute Vereinshaus zählt zu den wichtigsten frühen Werken dieses Architekten, der hier am Margaretengürtel später (1919/20) den ersten Wiener Gemeindebau errichten sollte. Nach Kriegsschäden wurde das Eisenbahnerheim in etwas veränderter Form, jedoch unter Beibehaltung der Grundzüge der Fassadengliederung wiederaufgebaut.

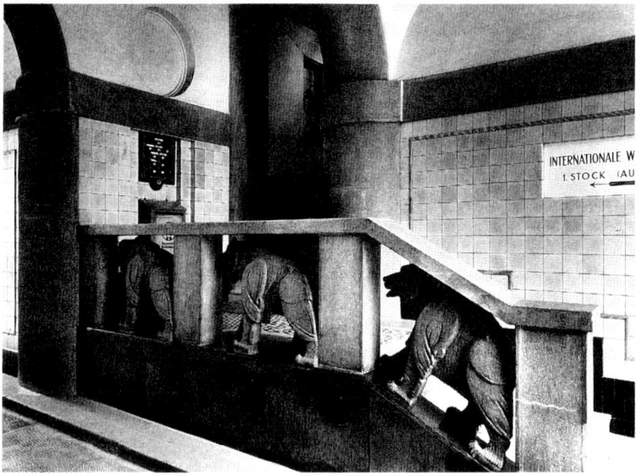

Nikolsdorfer Gasse 7–11, Vestibül

5, Nikolsdorfer Gasse 7 – 11
GESCHÄFTSHAUS

Das Gebäude des Österreichischen Wirtschaftsverlages wurde 1911 von Hans Prutscher für den Hofbuchdrucker Carl Fromme errichtet. Der von türmchenbekrönten Seitenrisaliten flankierte Mittelteil zeigt in den Hauptgeschossen das für diesen Architekten typische ondulierende Vor- und Rückschwingen der Fensterachsen, das hier durch die flachen Gesimse noch betont wird. Die linke Durchfahrt, Vestibül und Stiegenhaus sind wegen der architektonischen Gestaltung und zahlreicher reizvoller Details bemerkenswert (Geländer mit Bärenskulpturen, Fliesenbild mit Flamingos, farbige Glasfenster, Beleuchtungskörper etc.).

5, Rechte Wienzeile 97
VORWÄRTSVERLAG

Das 1909 errichtete Gebäude der Druck- und Verlagsanstalt „Vorwärts“ zählt zu den wichtigsten Werken der Otto-Wagner-Schüler Hubert und Franz Gessner. Die prägnant, aber sachlich gegliederte Fassade wird von einem mächtigen, treppengiebelartigen Attikaaufsatz mit abschließender Ringkrone dominiert. Die seitlichen Arbeiterfiguren stammen von Anton Hanak. Sehenswert ist auch das Vestibül.

5, Schloßgasse 14
WOHN- UND GESCHÄFTSHAUS

Das Haus der Fa. Bothe & Ehrmann wurde 1912/13 in neoklassizistischen Formen von Ernst Epstein errichtet.

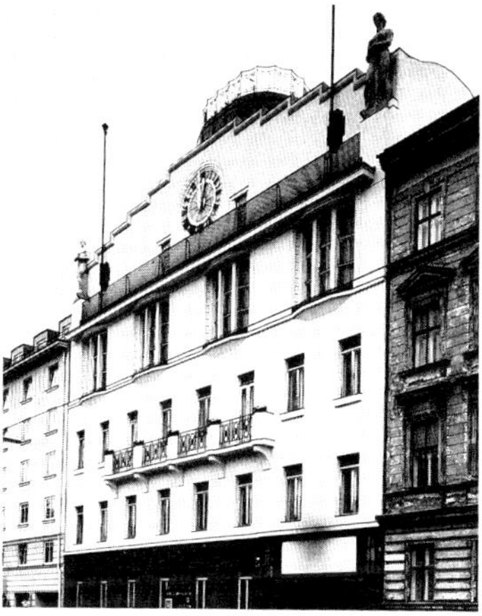

Gebäude des Vorwärtsverlags

5, Schönbrunner Straße 109 (= Amtshausgasse 8 = Bräuhausgasse 58)
WOHNHAUS

Großes Zinshaus von 1907/08 (Karl Stöger & Sohn) mit betonter Ecklösung. Apotheke „Zum hl. Franziskus" von 1910.

5, Siebenbrunnenfeldgasse 12-18
WOHNHAUS

Das sachlich gestaltete, mit einfacher Ornamentik im Stil der Wiener Werkstätte dekorierte Miethaus wurde im Jahr 1911 nach Plänen von Ernst Epstein errichtet.

5, Steggasse 1 (= Hamburgerstraße 16)
WOHNHAUS

1901/02 von Josef Plečnik für Karl Langer errichtetes Zinshaus. Die Fassaden sind durch durchlaufende, sich nach unten verjüngende Lisenen stark vertikalisierend gegliedert. Die Staffelung des Baukörpers – in Angleichung an das Terraingefälle – wird durch die prägnante Gestaltung des Kranzgesimses betont. Über Eck geführte Balkons, die ursprünglich gläserne Böden hatten, verklammern die Fassaden.

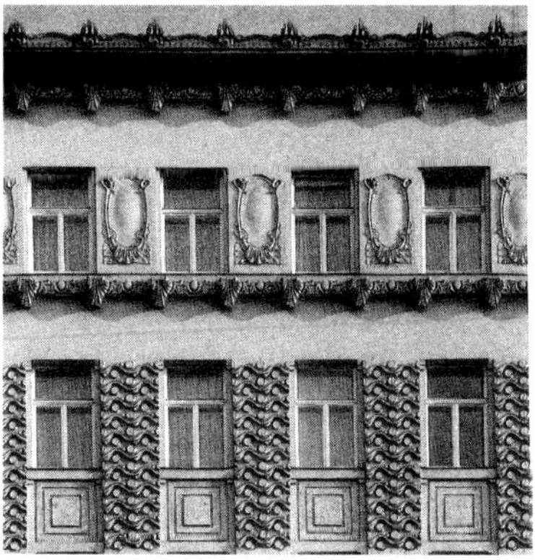

Steggasse 1, Fassadendetail

5, Storckgasse 15
WOHNHAUS

1911 von Ernst Epstein sachlich gestalteter Wohnhausbau.

5, Wehrgasse 22
(= Grüngasse 9)
MIETHAUS

Es handelt sich um das einzige bisher bekannte architektonische Werk des berühmten österreichischen Schriftstellers Fritz von Herzmanovsky-Orlando, das 1910 in Zusammenarbeit mit Fritz Keller entstand. Der architektonische Dekor konzentriert sich vor allem auf den turmartigen, mit breiten Akanthus-Friesbändern geschmückten Eckerker. In der Grüngasse triumphbogenartig gestalteter zweigeschossiger Anbau, die abschließende Balustrade mit seitlicher Pyramidenbekrönung.

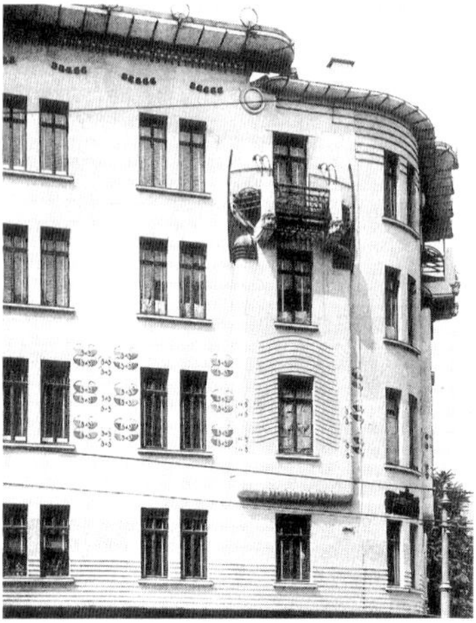

Florahof, ursprünglicher Zustand

5, Wiedner Hauptstraße 88
FLORAHOF

Der 1901/02 nach Plänen von Wunibald Deininger errichtete „Florahof" zählt zu den interessantesten Miethausbauten der frühen Wagner-Schule. Die Fassaden werden durch grüne und blaue Keramikplättchen belebt. Die Wandflächen hinter den auf maskengeschmückten Konsolen ruhenden Balkons sind durch Fliesenfelder akzentuiert. Das sonst stark betonte und reich dekorierte Kranzgesims wird an der abgerundeten, tiefergesetzten Ecke unterbrochen. Hufeisenförmiges Stiegenhaus.

5, Wiedner Hauptstraße 126-128
(= Ramperstorffergasse 2)
WOHNHAUS

Bei dem 1912 nach Plänen der drei Otto-Wagner-Schüler Emil Hoppe, Marcel Kammerer und Otto Schönthal errichteten Gebäude verbinden sich die nüchternen funktionalen Formen des Spätstils Otto Wagners (siehe 7, Neustiftgasse 40) mit den Dekorformen der Wiener Werkstätte. Die abgerundete Ecke wird von einem gestaffelten Dachaufbau bekrönt.

■ ■ 6. BEZIRK ■ ■

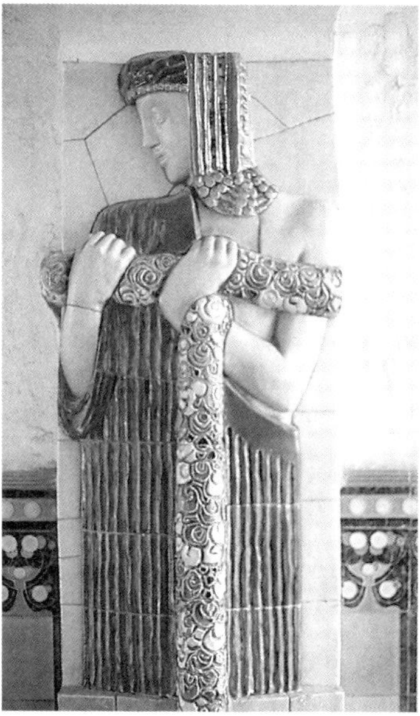

Barnabitengasse 8, Majolikarelief

6, Barnabitengasse 8
KLAVIERFABRIK

In der um 1908 von Hugo Urbanek für Rudolf Stelzhammer neu gestalteten Einfahrt des 1805 errichteten Vorstadthauses findet sich das bemerkenswerte polychrome Majolikarelief einer stehenden weiblichen Figur. Ein weiteres Relief befindet sich im Stiegenhaus des Hintertraktes. Die Darstellungen beziehen sich möglicherweise auf Motive und Figuren aus Opern Richard Wagners.

6, Dürergasse 15 (= Eggerthgasse 4)
WOHNHAUS

Bei diesem 1903 von R. Stransky errichteten Miethaus scheint (angedeutet durch die segmentbogenförmig vorschwingenden Erker mit ihrer gemeinsamen Bekrönung) ein Eckturm im Baukörper zu „stecken“.

6, FILLGRADER STIEGE

In den Jahren nach 1900 wurde das Elendsquartier des sogenannten „Ratzenstadls“ mit bürgerlichen Miethäusern neu verbaut. Im Zuge dieses großzügigen Assanierungsprojekts wurde 1906/07 nach Plänen des Wiener Stadtbauamtes die mehrläufige Anlage der Fillgrader Stiege errichtet, die den hier sehr steilen Geländeabfall zum Wiental überwindet.

6, Getreidemarkt 1 (= Linke Wienzeile 2)
MIETHAUS

Großes von Carl Stephann 1907 als repräsentativer „Kaufherrenhof“ konzipiertes Eckhaus. Im hohen Dach großes Thermenfenster; zwischen Foyer und Stiegenhaus eigenwillig geformter, ornamental durchbrochener Sturzbogen, von sechs dunklen Säulen getragen.

6, Gumpendorfer Straße 10 – 12 (= Königsklostergasse 2)
KÖNIGSKLOSTERHOF

Bei der Gliederung des großen, an der Ecke durch einen Kegelturm bekrönten Zweifrontenhauses (Carl Stephann, 1900) dominieren neben geometrischen Elementen vor allem secessionistische Maskenmotive.

6, Gumpendorfer Straße 74
WOHNHAUS

Bei dem reizvollen 1903 von Hermann Stierlin und Hans Prutscher errichteten Bau ist die reich stuckierte Fassade mit blaugrünen Fliesenfeldern bereichert. Im Vestibül Wandfelder mit teils ornamentalen, teils figuralen Jugendstilmalereien von Hubert von Zwickle, am Aufgang zum Stiegenhaus zwei Vasen mit Eulenskulpturen.

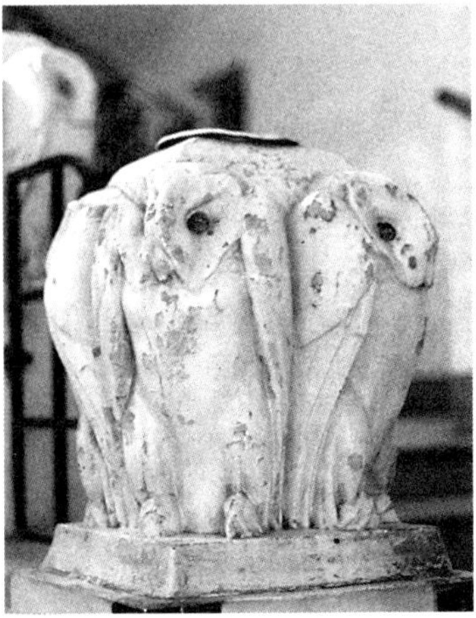

Gumpendorfer Str. 74, Vasen im Vestibül

6, Gumpendorfer Straße 144
MIETHAUS

Bei dem 1905 an städtebaulich wichtiger Stelle (gegenüber der Stadtbahnstation Gumpendorfer Straße) erbauten Dreifrontenhaus verwendete der routinierte Architekt Carl Stephann vorwiegend leicht secessionistisch verformtes neobarockes Dekor. Die geschmückten Dachaufbauten zeigen die für den Jugendstil charakteristischen nierenförmigen Öffnungen.

6, Königsklostergasse 6
WOHNHAUS

1901 von Kupka und Orglmeister errichtetes Miethaus mit außergewöhnlich gegliederter Fassade: Die starke Trennung von plastisch vortretenden Wandpfeilern und vertieften Fensterachsen wird durch unterschiedliche Niveaus der Gesimssysteme betont, so daß diese Bauteile vertikal gegeneinander verschoben erscheinen.

6, Köstlergasse
ENSEMBLE

Die zwischen 1896 und 1910 verbaute Köstlergasse bildet mit ihren beiden Straßenhofanlagen (Nr. 5 – 9, 6 – 8) ein reizvolles spätgründerzeitliches Ensemble.

6, Köstlergasse 1
→ 6, Linke Wienzeile 38

6, Köstlergasse 2
→ 6, Linke Wienzeile 36

6, Köstlergasse 3
WOHNHAUS

Bei diesem Haus, dem schlichtesten der berühmten Dreiergruppe Otto Wagners, wurden verschiedene Schülerentwürfe kompiliert. Über einem genuteten Sockel wird die Putzfassade durch lisenenartige Pfeilervorlagen gegliedert. Wie beim „Majolikahaus" ist das Kranzgesims über den niedrigeren Seitenrisaliten um die Ecken geführt. In diesem Haus bezog Otto Wagner eine Wohnung.

6, Lehárgasse 9 – 11
WOHN- UND GESCHÄFTSHAUS

Der eindrucksvolle Bau entstand 1912 nach Plänen von Max Fabiani als Geschäftshaus der Gummiwarenfirma Josef Reithoffer's Söhne (das Firmenemblem, eine muskulöse männliche Halbfigur mit Autoreifen, im Giebel des hinteren Quertraktes). Die streng orthogonale Fassadengliederung durch barockisierend gestaltete Parapettfelder aufgelockert.
Am Eingang des trapezförmigen Straßenhofes, der mit dem Innenraum des gegenüberliegenden Kulissendepots von Gottfried Semper in Beziehung tritt (Podrecca), portikusartiger übergiebelter Pavillon mit großem Schmiedeeisentor. Für dieses Werk erhielt Fabiani 1913 den Preis der Stadt Wien für den besten Industriebau.

6, Linke Wienzeile
ENSEMBLE

In der Spätgründerzeit sollte die Linke Wienzeile zu einem nach Schönbrunn führenden Prachtboulevard umgestaltet werden. Hier findet sich daher eine große Zahl bemerkenswerter Bauten aus dieser Epoche. Die pavillonartigen Verkaufsstände des Naschmarkts, der zentrale turmbekrönte Passagenbau und das abschließende Marktamtgebäude mit Majolikatondo von Franz Barwig (1916) wurden während des Ersten Weltkrieges zwischen den beiden Wienzeilen über dem überdachten Wienfluß errichtet; Planung Heinrich Goldemund und Friedrich Jaeckel (Wiener Stadtbauamt). Der Nordsee-Pavillon am östlichen Ende des Naschmarkts entstand 1916 nach Plänen von Franz von Krauß.

6, Linke Wienzeile 4 (= Millöckergasse 2)
WOHNHAUS

1909 von Leopold Fuchs errichtete Straßenhof-Anlage mit monumentaler Gliederung.

6, Linke Wienzeile 36 (= Köstlergasse 2)
WOHNHAUS

Das 1897 von Franz Neumann errichtete repräsentative Mietpalais Leon-Wernburg bildet ein gutes Beispiel für die Endphase des Wiener Späthistorismus.

6, Linke Wienzeile 38, 40
Köstlergasse 3
WOHNBAUTEN VON OTTO WAGNER

Die in den Jahren 1898/99 entstandene ,,Modellbaugruppe" an der Wienzeile besteht aus drei großen Miethäusern, die ausgeprägten Jugendstildekor zeigen. Bei diesem Bauvorhaben ,,... verhielt sich Wagner seinen Schülern gegenüber wie ein Bauherr gegenüber seinem Architekten. Inwieweit diese in seinem Atelier dabei weisungsgebunden waren oder ihre Ideen Wagner gegenüber frei vertreten konnten, wird sich wohl nicht mehr eruieren lassen" (R. Schachel).

6, Linke Wienzeile 38
(= Köstlergasse 1)
WOHNHAUS

,,Dem sechsgeschossigen Eckmiethaus mit ebenerdigen Geschäftslokalen ist einwandfrei eine Idee Olbrichs zugrundegelegt" (R. Schachel). Die beiden Fassadenflächen werden von ,,Grenzpfeilern" mit Ortsteindekor eingefaßt, welche über der Dachlinie von ehemals vergoldeten Metallskulpturen – den ,,Ruferinnen" von Othmar Schimkowitz – bekrönt werden. Den Schwerpunkt des opulenten, vergoldeten Dekors an den flachen Fassadenspiegeln bildet das letzte Stockwerk.

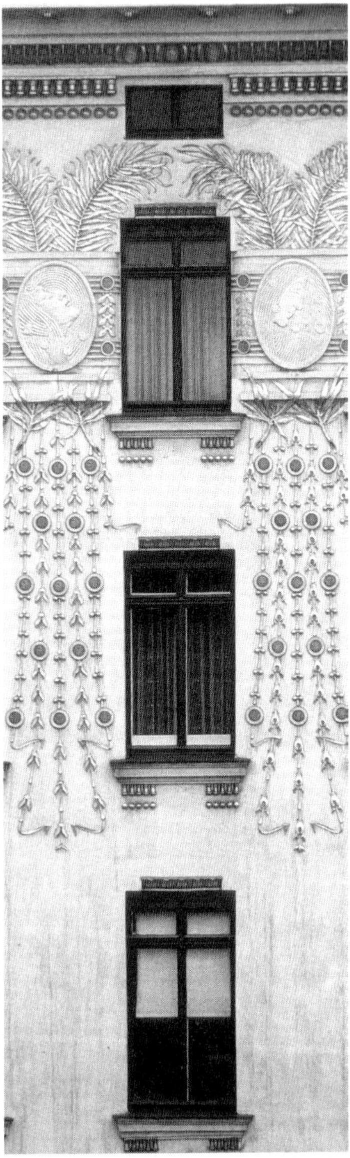

Linke Wienzeile 38, Fassadendetail

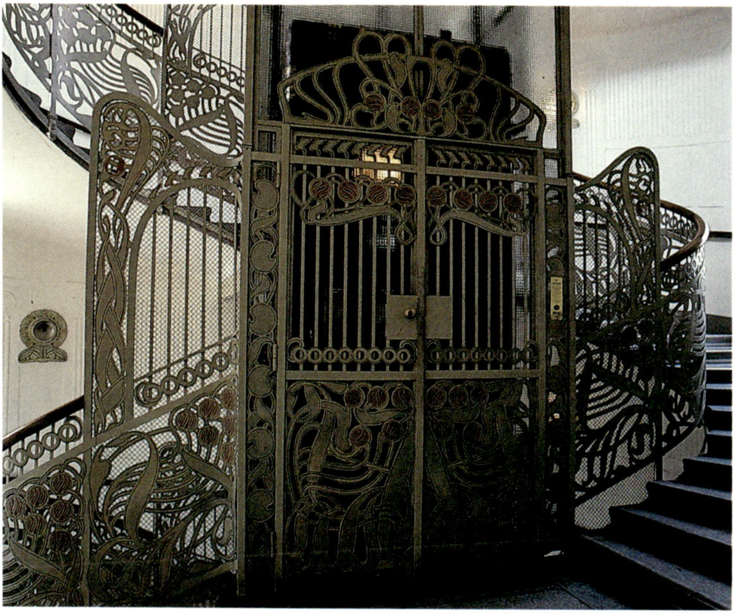

6, Linke Wienzeile 40, Stiegenhaus

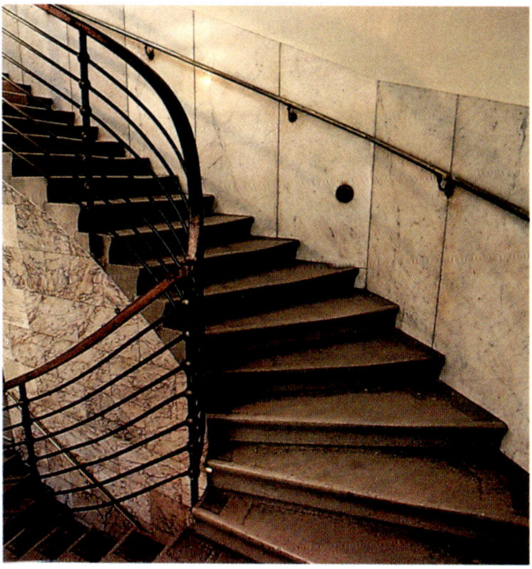

1, Michaelerplatz 3, Loos-Haus, Stiegenhaus

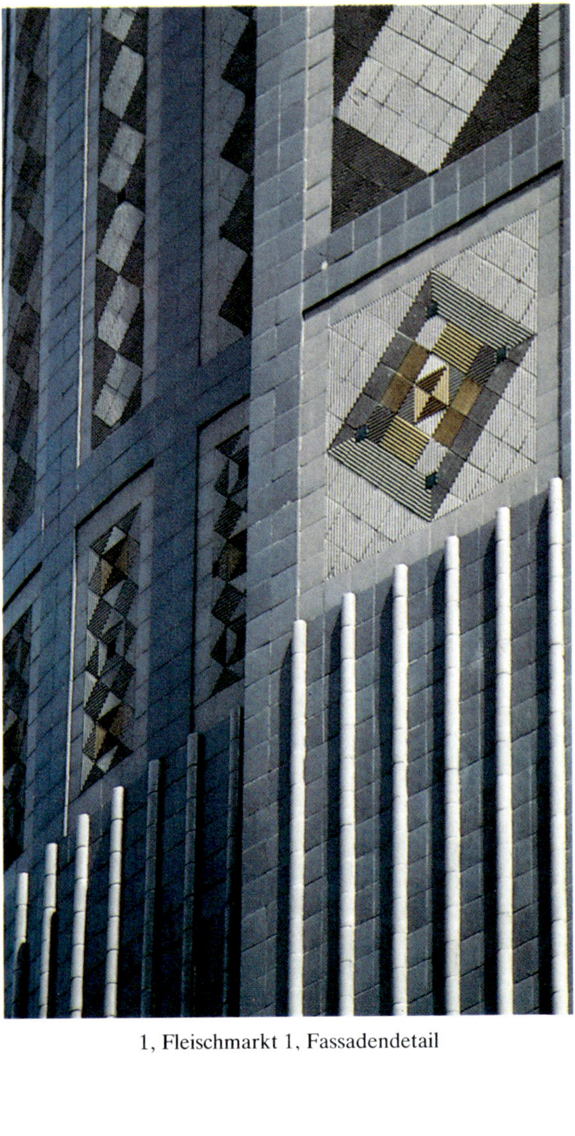

1, Fleischmarkt 1, Fassadendetail

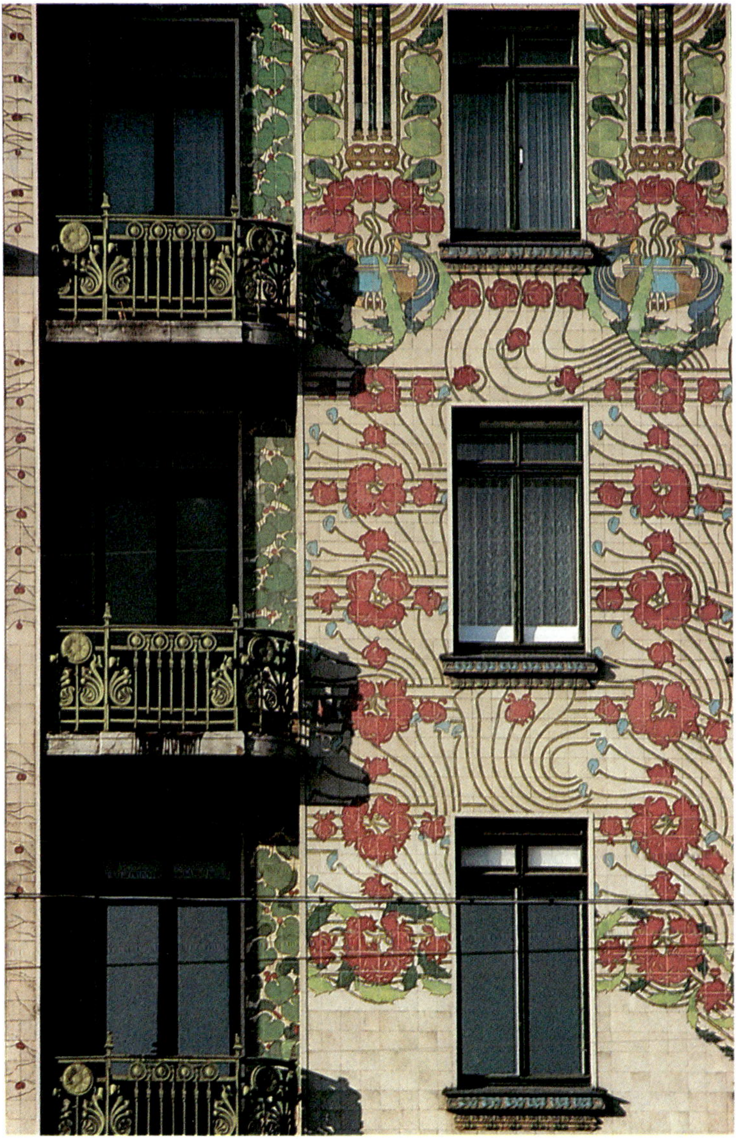

6, Linke Wienzeile 40, Fassadendetail

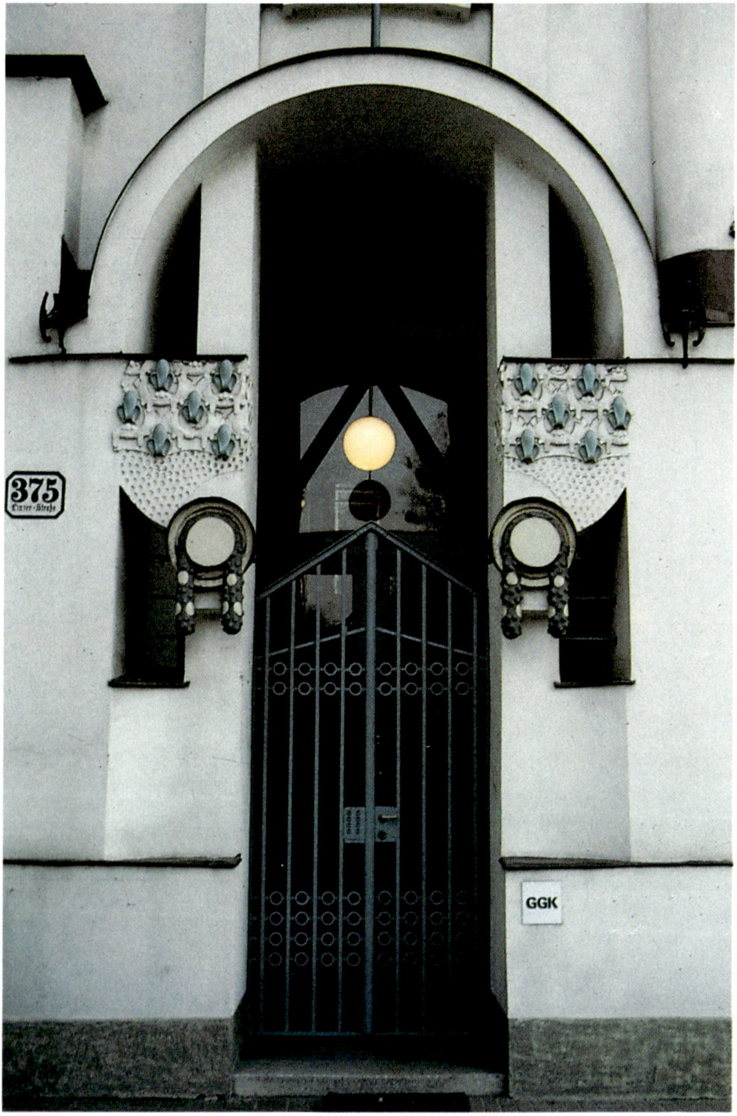

14, Linzer Straße 375, Villa Vojcsik, Portalachse

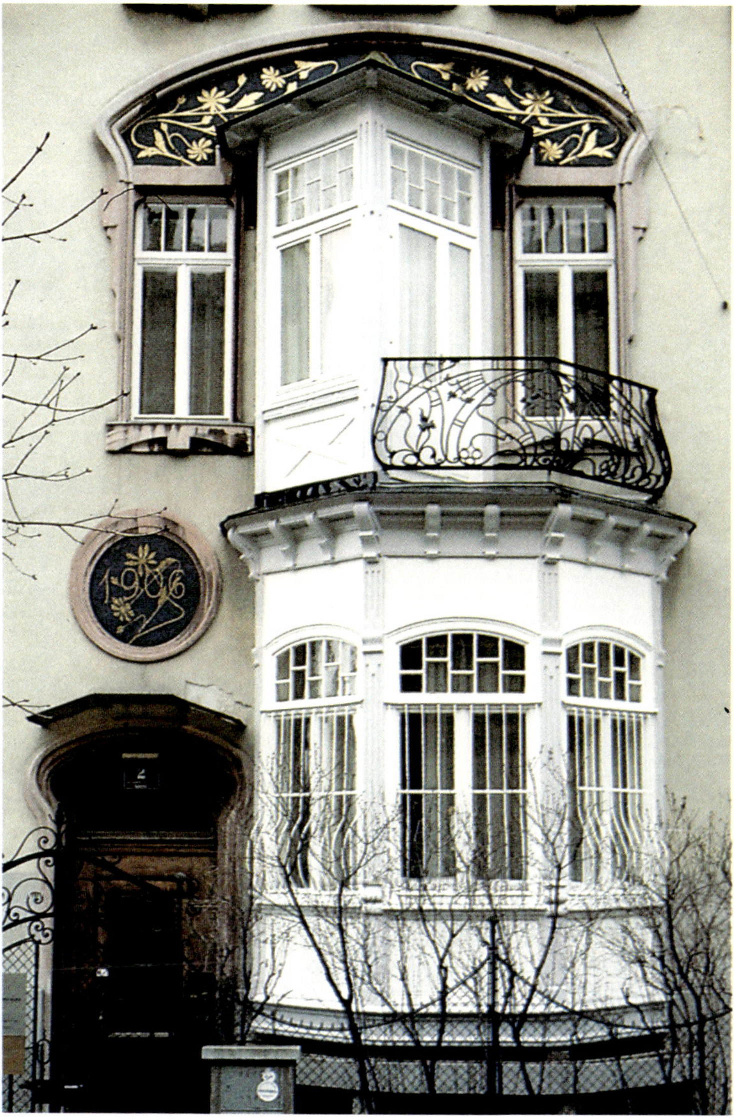

13, Stoesslgasse 2, Portalachse

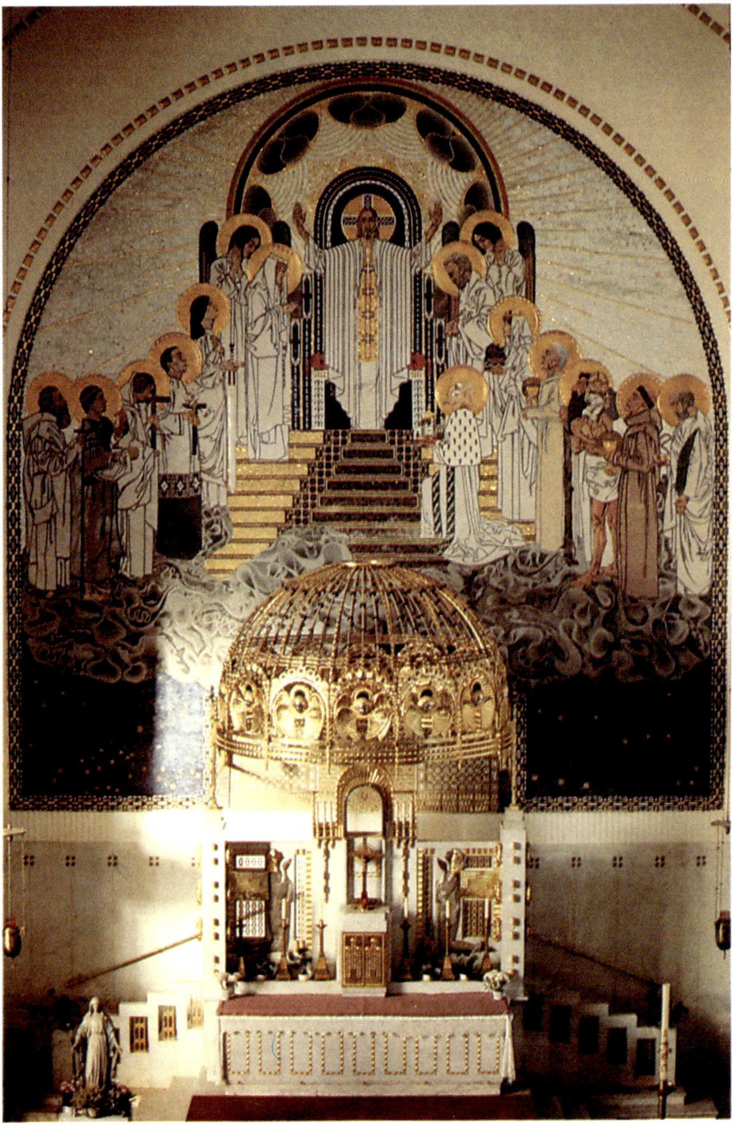

14, Baumgartner Höhe, Anstaltskirche St. Leopold, Altar

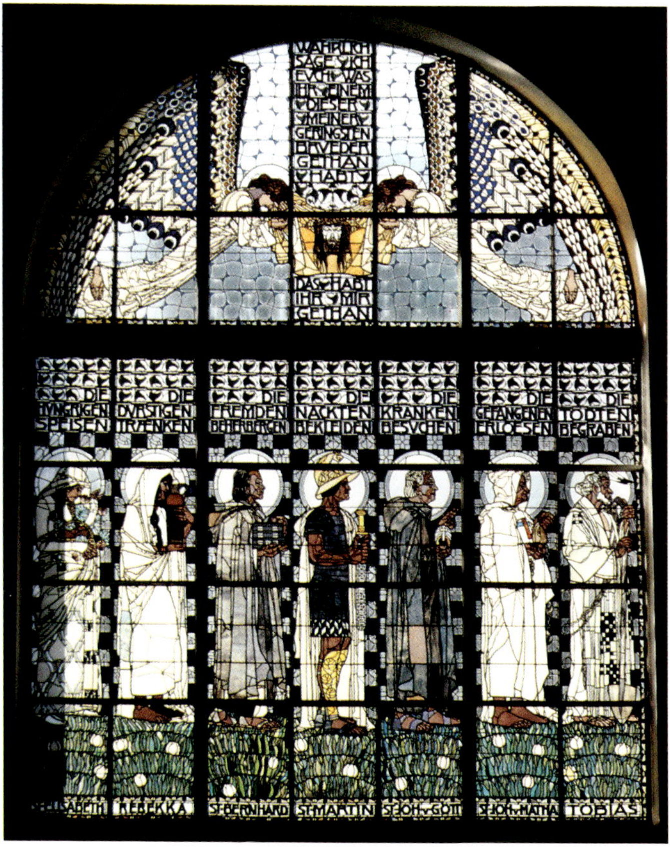

14, Baumgartner Höhe, Anstaltskirche St. Leopold, Glasmosaikfenster

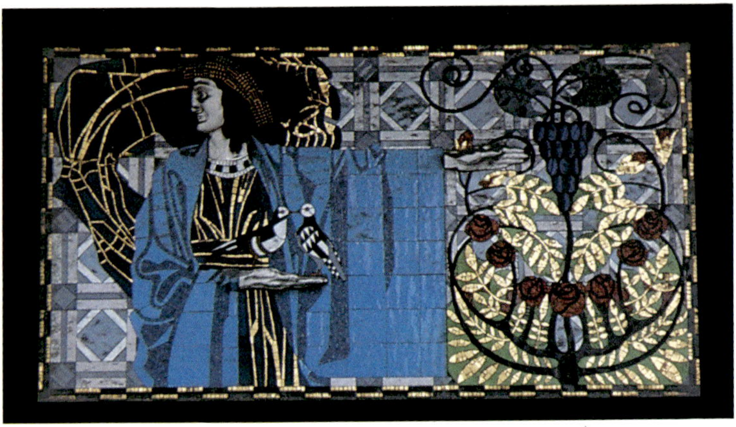

4, Frankenberggasse 3, Mosaik

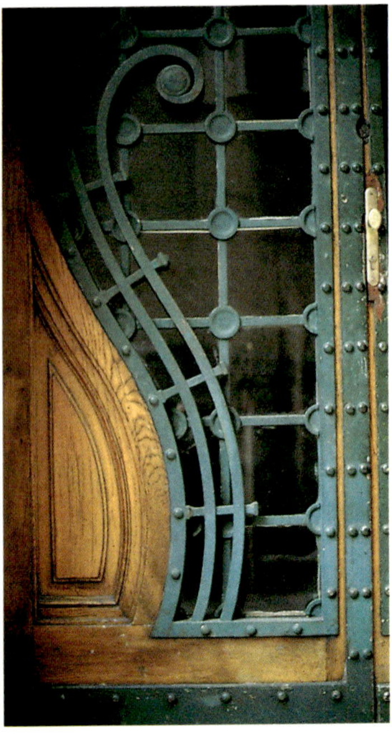

13, Beckgasse 30, Villa Langer,
Portaldetail

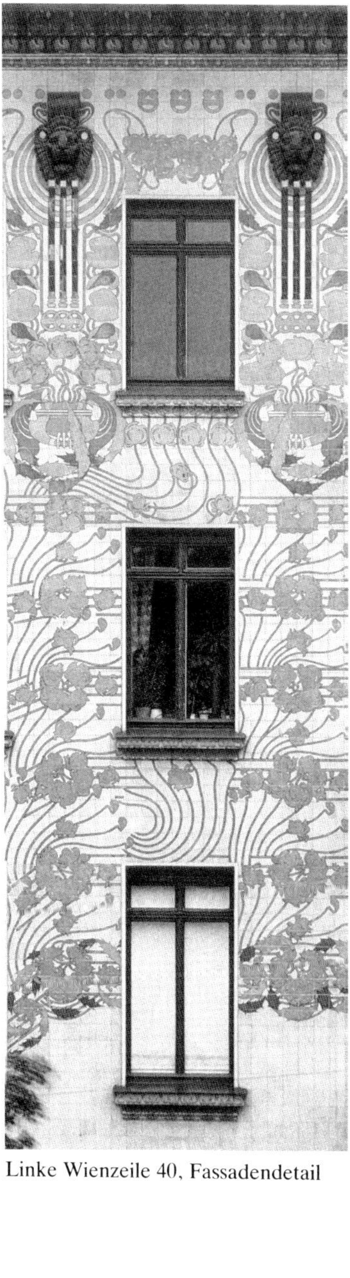

Linke Wienzeile 40, Fassadendetail

(Nach der Entwicklung von Liftanlagen für Miethäuser war die traditionelle Rangordnung der Geschosse mit der üblicherweise betonten „Beletage" aufgehoben.) Die zwischen die Fenster gesetzten Medaillons von Kolo Moser sind oben durch dahintergesteckte Palmwedel bereichert und werden unten durch herabhängende Kettenschnüre geschmückt, wodurch diese Applikationen einen „brocheartigen" Charakter erhalten (R. Schachel). Besondere Beachtung verdient die plastisch durchgestaltete Ecklösung: Die Metallkonstruktion vor den beiden unteren Geschossen wird als abgeschrägte, verglaste Ecke ausgebildet. Dahinter erhebt sich die dreiachsige Stirnfront über einem viertelkreisförmigen Grundriß. Dieser oben loggienartig geöffnete Bauteil wird von einem flachen Schirmdach abgeschlossen, das von den Mauerpfeilern durchstoßen wird. Die Silhouette wird jedoch erst durch eine in der Gegenrichtung zurückschwingende „Attika" (der verlängerten Loggienrückwand) gebildet, in der ein gestaffelter Kaminkopf integriert ist. Das Haustor in der Köstlergasse geht auf einen Entwurf Josef Plečniks zurück. Bemerkenswert ist auch das ovale Stiegenhaus mit dem kunstvollen Aufzuggitter.

6, Linke Wienzeile 40
MAJOLIKAHAUS

Der Entwurf für das Majolikahaus stammt von Gustav Roßmann. Der bunte florale Fliesendekor wurde nach einem im Maßstab 1:1 gezeichneten Entwurf von Alois Ludwig von der Wienerberger Ziegelfabrik angefertigt. Die Löwenköpfe in der Frieszone bilden die einzigen plastischen Elemente auf dem glatten „Fassadenbehang". Die Eckachsen mit den Balkons sind durch ein anderes Blattdekor abgesetzt und erreichen nicht dieselbe Höhe wie der Mittelteil, so daß das reich dekorierte Kranzgesims um die Kanten herumgeführt werden konnte. Durch diesen Kunstgriff wird das Blockhafte des Hauses hinter der Fassade spürbar. Auch bei diesem Haus verdienen das Entree und das zentrale Stiegenhaus, zwischen dem Straßentrakt und dem um einen Hof gruppierten hinteren Gebäudeteil gelegen, besondere Beachtung.

6, Linke Wienzeile 48 – 52
BÜROGEBÄUDE

Das Bürohaus entstand 1913 nach Plänen von Hubert Gessner. Die in den Hauptgeschossen vertikalisierend gegliederte, durch schmale Erker akzentuierte Fassade zeigt in den rückspringenden obersten Geschossen ein von Adolf Loos entwickeltes Motiv: Bay-windows, von Säulen flankiert. Die Skulpturen stammen von Anton Hanak. Im bemerkenswerten Stiegenhaus reizvolle Glasfenster mit Darstellungen von Eisenbahnen und Schiffen.

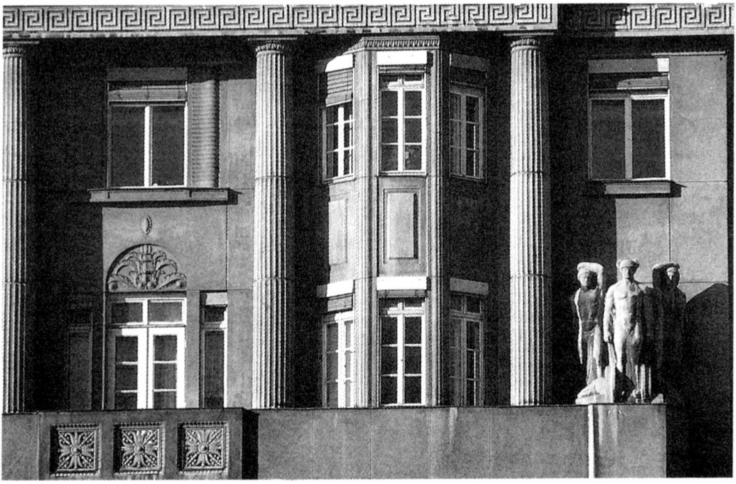

Linke Wienzeile 48–52, Fassadendetail

6, Linke Wienzeile 64
ZU DEN VIER JAHRESZEITEN

1913 nach Plänen von Josef Hecht entstandenes Miethaus; die Fassade mit Freiplastiken und Reliefs der personifizierten Jahreszeiten bereichert.

6, Linke Wienzeile 158
WOHNHAUS

1910 von K. u. A. Stöger errichtetes Miethaus, dessen Fassade im Sinn der Ständerarchitektur stark vertikalisierend gegliedert ist. Die Fensterachsen der Hauptgeschosse werden von Eichenlaubstäben gerahmt. Das letzte Geschoß ist deutlich abgesetzt und als abschließende Frieszone gestaltet.

6, Linke Wienzeile 180 (= Mollardgasse 87)
ZENTRALBERUFSSCHULE

Die langen Fronten des großzügig dimensionierten Schulbaues (von 1908) zeigen eine der Betonkonstruktion entsprechende dichte Ständerbaugliederung, die mehrfach durch überhöhte Risalite rhythmisiert wird.

6, Linke Wienzeile 184
HAUPTFEUERWACHE MARIAHILF

Die große, 1912 bis 1914 vom Wiener Stadtbauamt errichtete, durch einen Turm (zur Trocknung und Lagerung der Schläuche) akzentuierte und in ihrer detailreichen Gliederung gut erhaltene Anlage zeigt eine betont malerische Gestaltung im Sinn des Heimatstils. Die differenzierten, reich mit Friesbändern (meist mit kleinteiliger Schnekkenornamentik) und Reliefeldern geschmückten Bauteile werden von hohen, teilweise von runden Aufsätzen bekrönten Walmdächern abgeschlossen. An der südwestlichen Ecke des mit seinen Balkons und Erkern villenartig wirkenden Verwaltungsgebäudes befindet sich die Plastik eines Feuerwehrmannes mit Trompete.

6, Loquaiplatz 13
MIETHAUS

Eleganter Wohnbau mit streng gegliederter, in Bay-windows geöffneter Kunststeinfassade und marmorvertäfeltem Vestibül (Fritz Keller und Adolf Jelletz, 1912).

6, Mollardgasse 8 (= Magdalenenstraße 33)
VEREINSHAUS

Die Fassaden des 1914 von Johann Rothmüller im Auftrag der Allgemeinen Arbeiter-, Kranken- und Unterstützungskasse errichteten Gebäudekomplexes zeigen spröde spätsecessionistische und neoklassizistische Formen.
An der Front in der Mollardgasse großes Korbbogenportal, dahinter repräsentatives Vestibül mit anspruchsvoll gestalteter Doppeltüre.

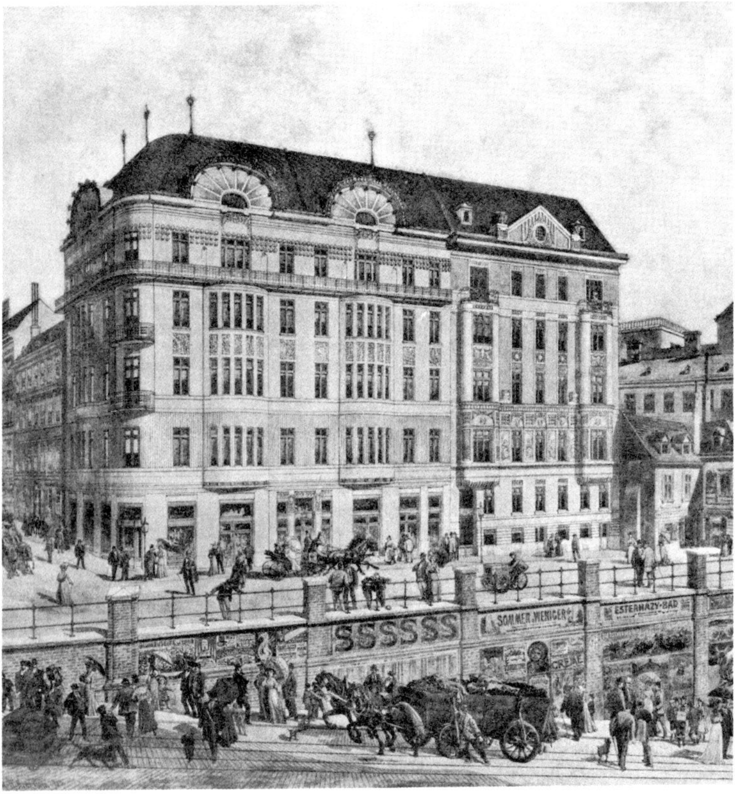

Windmühlgasse 30–32, zeitgenössische Darstellung

6, Windmühlgasse 32
(= Barnabitengasse 2)
WOHNHAUS

Wie das Nachbarobjekt Nr. 30 1902 nach Plänen von Oskar Marmorek errichtet. Die flachen, segmentbogenförmig vorspringenden Erker enden ziemlich abrupt am umlaufenden Balkon des letzten Stockwerkes, finden aber eine Fortsetzung in den abgerundeten, strahlenförmig dekorierten Dachaufsätzen. Originelle, sehr akzentuiert eingesetzte Ornamentik.

■ ■ 7. BEZIRK ■ ■

7, Burggasse 104
MIETHAUS

1903 von Adolf Langer errichtet, zeigt das Haus die für die frühe Phase des Wiener Jugendstils typischen Merkmale, wie etwa kurvig begrenzte, in der Oberfläche verschieden strukturierte Putzfelder oder abgestufte, an den Ecken abgerundete Kranzgesimse. Hinter dem schönen Schmiedeeisenportal reich mit floralem Stuck dekorierte Einfahrt; die Stiegenhausfenster mit reizvollen geätzten Scheiben.

7, Döblergasse 4
→ Neustiftgasse 40

7, Hermanngasse 8
GESCHÄFTSHAUS „JUNGHANS“

Der 1912 entstandene Bau von Ernst Epstein ist in den unteren Geschossen mit einer Kolossalordnung gegliedert, wobei die kannelierten Säulen zwischen den Bay-windows tief in der Fassade eingelassen erscheinen.

7, Hermanngasse 18
WOHN- UND FABRIKSGEBÄUDE

Das Wohn- und Fabriksgebäude entstand 1911 als ein Werk von Carl Stephann. Die Fassade ist reich mit Metallreliefs dekoriert.

7, Kaiserstraße 15
WOHN- UND GESCHÄFTSHAUS

Bei dem 1900 nach Plänen von Karl Schön in secessionistischen Formen errichteten Bau ist die originale Gestaltung der Geschäftszone noch erhalten.

7, Kandlgasse 35
WOHNHAUS

Der sachlich gestaltete Bau mit der abgerundeten, durch Säulen gegliederten Ecke entstand 1912 bis 1914. Pläne von Fritz Keller.

7, Kirchengasse 3
WOHN- UND GESCHÄFTSHAUS

Der von Leopold Fuchs um 1910 errichtete Bau entspricht dem Typus des großstädtischen Wohn- und Geschäftshauses, der (abgesehen von der Inneren Stadt) vor allem in diesem von Handels- und Gewerbebetrieben geprägten Teil des 7. Bezirkes verbreitet war (siehe auch Neubaugasse). In den unteren Geschossen in großflächigen Bay-windows geöffnete, reich mit Metallapplikationen dekorierte klassizierend gegliederte Kunststeinfassade.

7, Kirchberggasse 33
BUCHDRUCKEREI

Durch die auch in der Fassade deutlich in Erscheinung tretende

Betonkonstruktion weist sich das 1913 errichtete Gebäude als Industriebau aus, der allerdings durch Giebelbekrönung und Skulpturenschmuck aufgewertet und der städtischen Umgebung angepaßt werden sollte.

7, Lerchenfelder Straße 35
WOHNHAUS

Das 1912 von Hans Prutscher für Rudolf Nilius errichtete Miethaus zeigt die für diesen Architekten charakteristische Fassadengestaltung mit vor- und rückschwingenden Fensterachsen. Ebenso charakteristisch sind die an Holzdekor erinnernden Ornamentformen: vertikale „gedrechselte" Stäbe und „gebündelte Rundleisten" – Prutscher war auch gelernter Tischler.

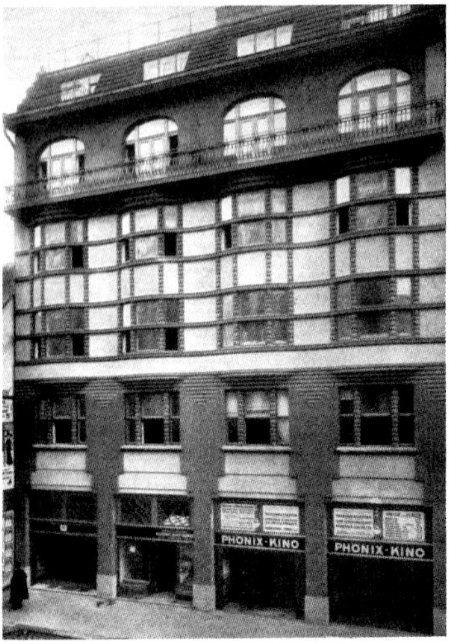

Lerchenfelder Straße 35

7, Lindengasse 4
MIETHAUS

1904 von Oskar Marmorek errichtetes Wohnhaus; aus Baywindows entwickelte flache seitliche Erker, differenzierte Putzoberfläche mit Fliesendekor.

7, Mariahilfer Straße 70
EHEMALS ANGLO-ÖSTERREICHISCHE BANK

Das mit schwarzem Granit verkleidete, von kannelierten Lisenen flankierte neoklassizistische Portal wurde 1914 von Adolf Loos entworfen. Vom selben Architekten stammt auch die (1973 weitgehend rekonstruierte) Ausstattung des Kassensaales, der durch eine grau-weiße Wandgliederung aus Marmor, eine Milchglaskassettendecke für Oberlicht und dunkle Eichenmöbel betont sachlich und gediegen gestaltet wurde.

7, Mondscheingasse 3
(= Kirchengasse 19)
MIETHAUS

Erbaut 1898 vom deutschen Architekten Georg Wünschmann. Für Wien ungewöhnliche Fassadengliederung mit heterogenen historisierenden Elementen; auffallend das Doppelportal, dessen Mittelpfeiler als blütentragender Baum gestaltet ist, sowie die drei vollplastischen steinernen Löwenköpfe im Mittelrisalit; darüber Drachenrelief. Im Vestibül gotisierende Elemente.

7, Neubaugasse 2, 8, 10, 12 – 14
ENSEMBLE

Die großstädtischen Wohn- und Geschäftshäuser entstanden zwischen 1908 und 1912 nach Plänen von Leopold Fuchs.

7, Neubaugasse 4
WOHN- UND GESCHÄFTSHAUS

Der 1907 von E. Spielmann und A. Teller errichtete Bau zeigt ein eigenwillig geformtes, entsprechend der dreiteiligen Wandgliederung „gefaltetes" Mansarddach.

7, Neubaugasse 25
ELSAHOF

Der monumental gestaltete Miethausbau von Hans Prutscher entstand 1911. Eingezogener Mittelteil mit Balkons. Glasgemälde im Stiegenhaus.

7, Neubaugasse 38
WOHN- UND GESCHÄFTSHAUS

Erbaut 1913, über Glas-Eisen-Konstruktion der Untergeschosse reich gegliederte, mit skulpturalen Reliefs geschmückte Kunststeinfassade; Heimatstilelemente. Auch die Kunststeinverkleidung im Vestibül mit Reliefdarstellungen (u. a. flötenspielender Pan) belebt.

7, Neubaugasse 44
MIETHAUS

1904 entstandener Wohnbau von Carl Stephann. Über dem breiten Mittelerker turmartige Aufsätze, dazwischen breites Atelierfenster, bemerkenswertes Schmiedeeisenportal.

7, Neustiftgasse 6 – 8
(= Mechitaristengasse 1)
DREIFALTIGKEITS-HOF

Das 1901 errichtete Wohnhaus ist ein frühes Werk von Hans Dvořak der hier noch reine Jugendstilformen (wie den Dreiviertelkreisbogen beim Erker) anwendete.

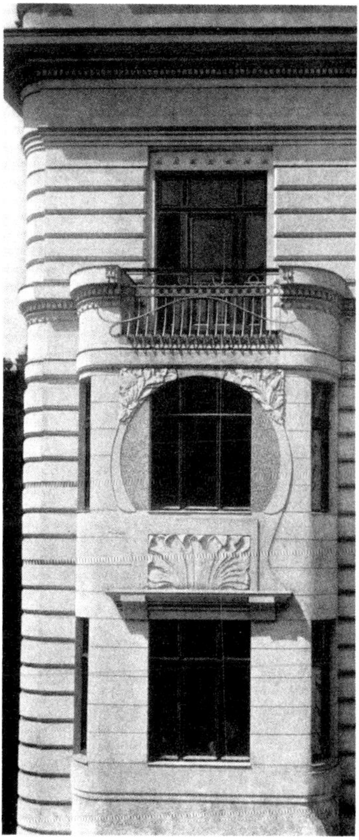

Neustiftgasse 6–8, Dreifaltigkeits-Hof

7, Neustiftgasse 40 (= Döblergasse 2 = Döblergasse 4) WOHNBAUTEN VON OTTO WAGNER

Im Haus Neustiftgasse 40 sind die Putzfassaden sehr schlicht gegliedert. Über dem für Geschäftseinbauten konzipierten Erdgeschoß ist das Mezzanin mit einer horizontalen Bänderung aus schwarzen Glasplatten nach Art einer abstrakten Rustika gestaltet. Die Fläche der Hauptgeschosse zeigt eine orthogonale Rasterung aus zarten Nuten, in die die Fenster eingespannt sind. Die Fassaden werden durch eine umlaufende Reihe aus schwarzen Glasplättchen steppnahtartig eingefaßt. Die von Wagner angestrebte „tafelförmige" Ausbildung der Mauern wird durch eine spezielle Gestaltung der Hauskante suggeriert. Die Flächen scheinen nämlich nicht direkt aufeinanderzustoßen, sondern werden, als handelte es sich nur um dünne Schichten, von einer schmalen durchgehenden Fuge getrennt. Dieser kleine Rücksprung setzt sich auch im ausladenden Kranzgesims – dem letzten Überbleibsel des sonst typischen Wagner-Vokabulars – fort. Die Schrift mit der Hausadresse in dem gleichfalls durch eine umlaufende Bordüre ausgegrenzten fensterlosen Feld in der Döblergassenfront bildet das einzige „Dekorationselement" an diesem Haus. Das Haus in der Döblergasse Nr. 4 entspricht in seiner architektonischen Gestaltung weitgehend dem Nachbarobjekt Döblergasse 2. Die Sockelzone weist hier allerdings eine Riefelung aus dicht aneinandergefügten Nutenzügen auf. Das erste Obergeschoß wird überdies durch einen Ornamentstreifen aus blauen Glasplättchen optisch betont. Durch das aluminiumbeschlagene Eingangsportal gelangt man zunächst in ein schmales Vestibül mit gerader Vortreppe. Dieser Raum erhält durch eine blaue Bordürenornamentik und das Streifenmuster am Plafond einen dynamischen Akzent. Eine ähnliche Funktion erfüllt auch der Fußbodenbelag, der den Besucher zu den Wohnungstüren führt. Die nackten Glühbirnen in den ganz einfachen Aluminiumappliken entsprechen der

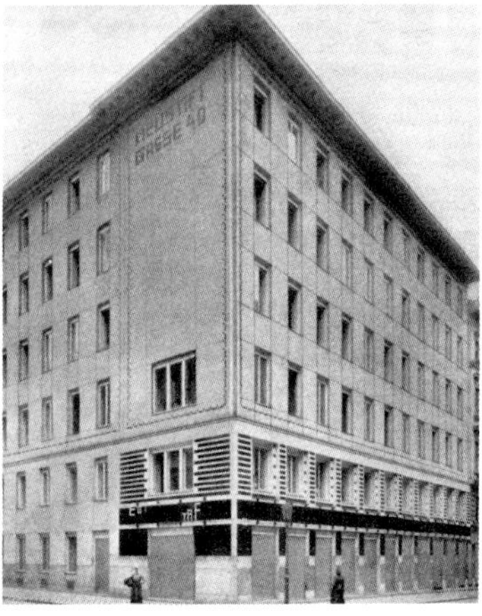

Neustiftgasse 40

spartanischen Note im Altersstil Otto Wagners. Der Architekt bezog in diesem Haus seine letzte Wohnung, in der er am 11. April 1918 starb. Diese Wohnung, deren Originalausstattung noch teilweise vorhanden ist, beherbergt seit 1985 das Otto-Wagner-Archiv der Akademie der bildenden Künste und ist bei Voranmeldung öffentlich zugänglich. Die beiden Häuser Neustiftgasse 40 und Döblergasse 4 entstanden 1909 bis 1911 als letzte Miethausbauten Otto Wagners, sie sind stilistisch der „Zweiten Villa Wagner" (→14, Hüttelbergstraße 28) ähnlich.

7, Neustiftgasse 67 – 69
WOHNHAUS

Das 1904/05 erbaute Wohnhaus ist ein Werk des Wagner-Schülers Oskar Laske. Es zeigt einen für diesen Maler-Architekten charakteristischen, originellen Putzdekor mit sonderbarem Bandelwerk und flachen, grotesken Masken. Sehenswert ist auch die teils in die Putzoberfläche vertiefte Ornamentik in der Einfahrt.

7, Neustiftgasse 87
WOHNHAUS

Das 1912 von den Brüdern Alois und Josef Ludwig sowie von Karl und Adolf Stöger errichtete Miethaus zeigt eine strenge, vertikalisierende Putzgliederung durch kräftige, in der Mitte gekehlte Wandpfeiler.

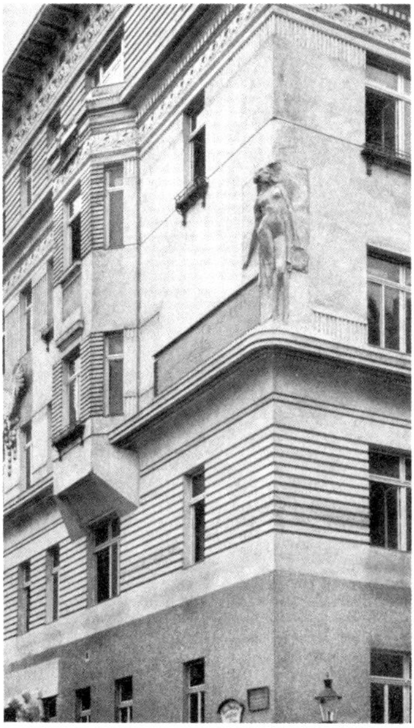

Seidengasse 20

7, Schottenfeldgasse 65
WOHN- UND GESCHÄFTSHAUS

Das Wohn- und Geschäftshaus wurde 1906 von Oskar Marmorek für den Hofschuhfabrikanten Andreas Nelder errichtet. Die polygonalen Erker im Bereich der Hauptgeschosse sind mit rotem Marmor verkleidet.

7, Schottenfeldgasse 71
MIETHAUS

Erbaut 1906 von Ludwig Müller und L. Roth. Bei der mit flachen Erkern gegliederten Fassade fallen vor allem die kurzen Kranzgesimse über den Seitenrisaliten auf, die durch loggienartige Vorblendungen vor den Dachbodenfenstern körperhaft gestaltet sind. Großzügiges Vestibül, im Stiegenhaus bunte Glasfenster.

7, Seidengasse 20
(= Schottenfeldgasse 33)
FINANZAMT

Der eindrucksvolle Bau – ehemals ein Wohnhaus – wurde 1906 von Hans Dwořak errichtet. Die Fassaden sind durch betonte Gesimse und differenzierte, teils geriefelte Putzstrukturen stark horizontalisierend gegliedert und werden durch markante Erker akzentuiert. Arbeiteratlanten aus Gußstein flankieren das Portal. Darüber große Reliefdarstellungen eines Adlers. Die Bildhauerarbeiten von Stürmer sowie dem Atelier Jung, Ruß & Co.

7, Seidengasse 30
GESCHÄFTSHAUS M. KRÜGER'S SÖHNE

Erbaut 1908 von Ernst Epstein. Klassizierend gestaltete, reich mit Metallapplikationen geschmückte Kunststeinfassade. Breiter Mittelerker, die Seitenachsen in Bay-windows geöffnet.

7, Siebensterngasse 31
MIETHAUS

1912 nach Plänen von Leopold Fuchs entstandener Wohnbau mit streng orthogonal gegliederter Fassade, die mit vier überlebensgroßen allegorischen Figuren bereichert ist.

7, Siebensterngasse 44
WOHN- UND GESCHÄFTSHAUS

Das Wohn- und Geschäftshaus wurde 1913/14 von den Architekten Oskar Czepa und Arnold Wiesbauer errichtet. Die strenge, scharfkantige Gliederung wird durch originelle künstlerische Details und eine kleinteilige, stark reliefierte Ornamentik im Stil der Wiener Werkstätte bereichert. Im Stiegenhaus ein Wandbrunnen von Willy Russ.

7, Stiftgasse 3
WARENHAUS HERZMANSKY

Der 1898 von M. Katscher errichtete Seitentrakt zeigt eine für den Warenhaustypus dieser Zeit charakteristische Gliederung: Obwohl die Fassade entsprechend dem hier angewendeten Ständerbausystem bereits weitgehend in Glas aufgelöst ist und im Prinzip eine ganz neue, zukunftsweisende Form gefunden wurde, versuchte man doch, das dünne Stützungssystem durch eine vorgeblendete Pilasterordnung zu verkleiden.

7, Westbahnstraße 26
WOHN- UND GESCHÄFTSHAUS

Der 1913 von Hans Prutscher errichtete Bau zeigt an der streng orthogonal gegliederten übergiebelten Straßenfassade die für diesen Architekten charakteristische, an gebündelte hölzerne Rundleisten erinnernde Gestaltung der Putzoberflächen.

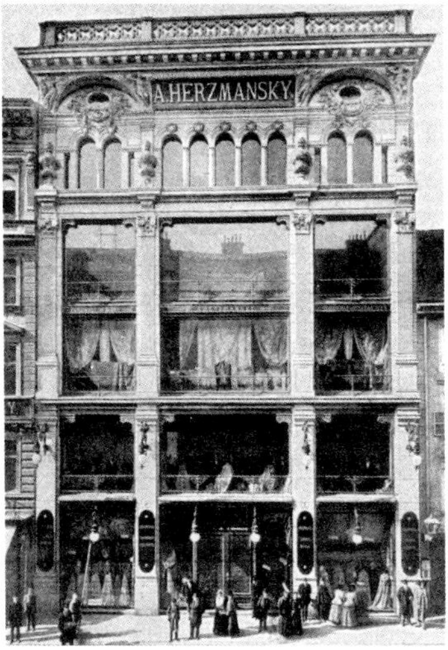

Warenhaus Herzmansky

7, Westbahnstraße 27 – 29
MIETHAUS

Großer, 1908 nach Plänen von August Belohlavek errichteter Wohnbau. Die von großen, stark durchfensterten Giebelaufbauten geprägte Fassade ist heute etwas vereinfacht. Großzügig gestaltete Erschließungsräume; beidseitige Stiegenhausaufgänge im Vestibül mit skulptierten adlergeschmückten Kunststeinbalustraden.

7, Zollergasse 13
WOHN- UND GESCHÄFTSHAUS

Bei dem von Arthur Baron 1910 gestalteten Bau ist die oben mit einem Balkon abgeschlossene Geschäftszone (ähnlich wie beim Haus 1, Fleischmarkt 3 desselben Architekten) durch hohe, zwei Geschosse zusammenfassende Bay-windows charakterisiert, wobei hier die Wandpfeiler mit Puttoplastiken belebt sind.

7, Zollergasse 15
WOHNHAUS

Bei der mit heterogenen Gliederungselementen dekorierten Fassade von 1900 verläuft unter dem Kranzgesims ein breiter polychromer Jugendstilfries mit Blumenmotiven.

8. BEZIRK

8, Albertgasse 33
WOHN- UND GESCHÄFTSHAUS

Bei diesem 1912/13 von den Architekten Siegfried Theiß und Hans Jaksch errichteten Haus beeindrucken vor allem die großzügige Einfahrtshalle und die bunten ornamentalen Glasfenster im marmorvertäfelten Vestibül und im Stiegenhaus.

8, Auerspergstraße 9
EHEMALIGES SANATORIUM LUITHLEN

Das Sanatorium wurde in den Jahren 1907/08 nach Plänen Robert Oerleys errichtet. Die Fenster der Obergeschosse sind durch Gesimse in Sohlbank- und Sturzhöhe in ein horizontales Liniensystem eingespannt. Durch Differenzierung zwischen großen, annähernd quadratischen Öffnungen und schmalen Zwillingsfenstern wird auch eine vertikale Rhythmisierung erreicht. Typisches Werk des puristischen Stils der Wiener Architektur nach 1900. Die radikal einfache Gliederung nimmt bereits Lösungen der zwanziger und dreißiger Jahre vorweg. Die nüchtern-funktionalistische Erscheinung wurde ursprünglich durch zwei technoid gestaltete Kuppelaufbauten betont, die Operationssäle beherbergten.

8, Bennoplatz 6
MIETHAUS

Um 1910 entstandener monumental wirkender Wohnbau von Franz und Hubert Gessner. Plastisch gegliederte Hauptfassade: In der zentralen Achse des erkerartig vorspringenden Mittelteils große, über drei Geschosse reichende Rundbogennische, darüber Loggia; im ersten Obergeschoß sind die Bay-windows an den Seitenachsen von baldachinartigen Blechdächern bekrönt.

8, Florianigasse 52
MIETHAUS

Erbaut 1904 von Julius Wohlmuht. Von Otto Wagner beeinflußte Fassadengliederung, in den Hauptgeschossen rhythmisierte Gliederung durch alternierende Fensterrahmungen, über dem Portal Relief mit Darstellung mittelalterlicher Spielleute.

8, Florianigasse 55 (= Skodagasse 5)
MIETHAUS

Erbaut 1906 von Arthur Baron. Differenzierte Fassadengliederung durch verschieden strukturierte, teils geriefelte Putzoberflächen. Zwischen die Erker eingespannte Balkons, darunter im 1. Obergeschoß Ausbildung von loggienartigen Nischen.

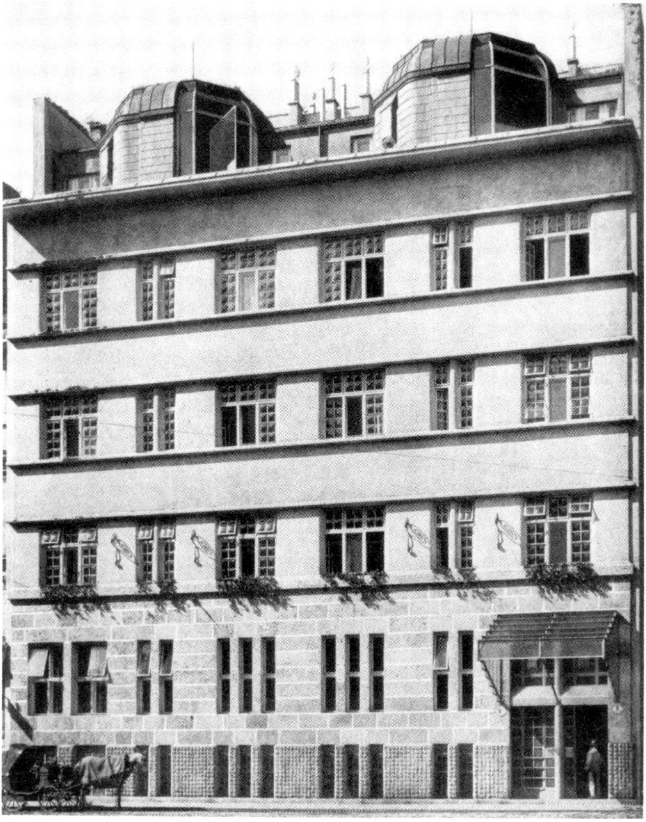

Auerspergstraße 9, ursprünglicher Zustand

8, Hamerlingplatz-Viertel
ENSEMBLE

Im Bereich um die 1903 aufgelassene Josefstädter Kavalleriekaserne (Josefstädter Straße – Schlesingerplatz – Florianigasse – Albertgasse) entstand zwischen 1904 und 1910 ein städtebaulich interessant konzipiertes Viertel aus Miethäusern und öffentlichen Bauten.

8, Hamerlingplatz 5 – 6
HANDELSAKADEMIE

Das Gebäude wurde 1905 nach Plänen von Julius und Wunibald Deininger in betont repräsentativen Formen errichtet und zählt zu den wichtigsten Schöpfungen der Wiener Secession. Die stark gegliederte Fassade zeigt eine durch Messingbolzen bereicherte Granitverkleidung in

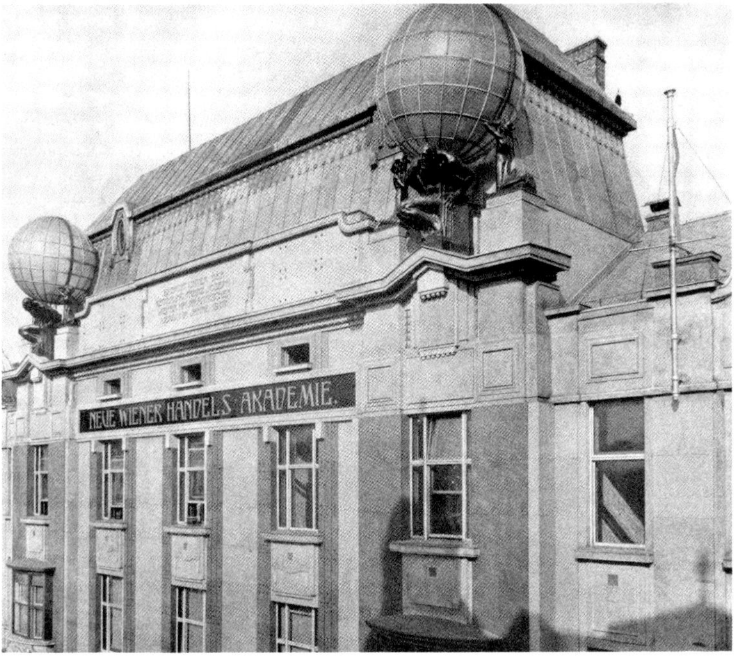

Hamerlingplatz 5–6, Handelsakademie, ursprünglicher Zustand

drei verschiedenen grau-grünen Farbschattierungen, die durch lebensgroße figurale Majolikareliefs von Richard Luksch bereichert wird. Erker und Baywindows akzentuieren die Risalite, die ursprünglich mit großen, von Atlanten getragenen Globen geschmückt waren. Der durch eine schlichtere Gliederung abgesetzte Seitentrakt mit dreiteiligem Gitterportal beherbergt die eindrucksvolle, teils mit blauen Fliesen verkleidete Vorhalle und das Stiegenhaus.

8, Hernalser Gürtel 6
LANDESGERICHTLICHES GEFANGENENHAUS

Erbaut 1908; für einen ärarischen Bau ungewöhnlich ist die starke Verwendung von Jugendstilelementen. Der großdimensionierte Baublock durch Mittelrisalite mit kubischen Turmaufsätzen, überhöhte Seitenrisalite und abgeschrägte, tiefergesetzte Ecken gegliedert. Die Fassaden reich mit Hoheitssymbolen dekoriert.

8, Josefstädter Straße 21
WOHNHAUS

Das von Ernst Epstein 1911 erbaute Haus besitzt ein räumlich großzügig konzipiertes Vestibül und ein helles – bei aller Nüchternheit – eindrucksvolles Stiegenhaus.

8, Josefstädter Straße 50 – 54
WOHNHÄUSER

Die drei einheitlich gestalteten Miethäuser zeigen den für Hans Dwořak typischen reichen Maskenschmuck. Die mit polygonal vorspringenden Erkern gegliederten Putzfassaden sind im letzten Stockwerk durch Fliesendekor bereichert. Interessant ist der Versuch, die einzelnen Bauten durch die verklammerten Gesimse optisch zu verbinden.

8, Josefstädter Straße 76
(= Bennogasse 1)
WOHN- UND GESCHÄFTSHAUS

1914/15 nach Plänen von Karl und Wilhelm Schön errichtetes Wohn- und Geschäftshaus mit außergewöhnlicher Portalgestaltung: rechteckige eiserne Torflügel mit verglasten Kassettenfeldern sind in eine größere, ebenfalls verglaste Rundbogenöffnung integriert.

8, Krotenthallergasse 8
WOHNHAUS

Das palaisartige Wohnhaus wurde 1904/05 von Wilhelm Fraenkel für eigene Zwecke errichtet. Eindrucksvoll die Schmiedeeisenarbeiten des Portals und der Beleuchtungskörper.

8, Lammgasse 1
(= Florianigasse 18)
MIETHAUS

Das im Jahr 1900 vom Wagner-Schüler Rudolf Göbl repräsentativ gestaltete Eckhaus zeigt das für die frühe Phase der secessionistischen Architektur in Wien charakteristische Flächendekor in Form von Laubwerk, das „realistisch" aus dünnen Stämmchen zu wachsen scheint. Holzportal mit kurvigen Jugendstilbeschlägen.

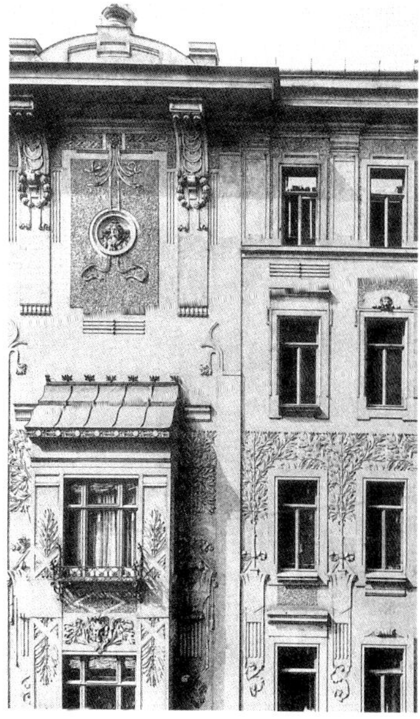
Lammgasse 1

8, Lange Gasse
ENSEMBLE

Die in ihrem unteren Teil erst 1910 erschlossene Gasse bildet in diesem Bereich (Nr. 60 – 80, 59 – 69) ein qualitätvolles, geschlossenes Miethausensemble. Zum Teil bemerkenswerte Entrees, etwa Nr. 68 = Laudongasse 12 (1911).

8, Lange Gasse 8
MIETHAUS

Der 1902 entstandene Zinshausbau mit dekorativer, teilweise vergoldeter Fassadenornamentik ist eines der wenigen rein secessionistisch gestalteten Werke von Ludwig Baumann.

8, Lerchenfelder Straße 54 – 56
WOHNHAUS

Das fünfgeschossige Haus wurde 1910 von Ernst Epstein errichtet. Dieser vielbeschäftigte Architekt war Mitarbeiter von Adolf Loos beim Bau des Goldmann & Salatsch-Hauses am Michaelerplatz. Hier wie dort findet sich das Motiv der Bay-windows, die von eingestellten Säulen flankiert werden. Von wesentlicher Bedeutung sind die dekorativen Kupferapplikationen. Kupfervasen schmücken auch die Erker seitlich der bekrönenden Bay-windows.

8, Lerchengasse 3 – 5
WOHNHAUS

Von Oskar Marmorek entworfene übergiebelte Fassade mit markanter plastischer Gestaltung: dicht nebeneinander angeordnete Kastenerker, die dazwischenliegende Mittelachse konvex vorschwingend, einfache geometrisierende, die architektonische Gliederung unterstreichende Ornamentik.

8, Lerchengasse 18
(= Pfeilgasse 13)
ZUM WEISSEN ENGEL

Das aus dem 18. Jh. stammende Bürgerhaus „Zum weißen Engel“ erhielt um 1903 eine von Krenz und Erhart entworfene secessionistische Fassade mit vegetabilem Dekor.

8, Piaristengasse 18
(= Neudeggergasse 13)
WOHNHAUS

Das Miethaus wurde 1910 nach Plänen des Wagner-Schülers Karl Maria Kerndle errichtet. Bemerkenswert ist vor allem das kräftige, aus den Wandpfeilern des Erdgeschosses entwickelte Kassettenornament zwischen den zurückgestuften Fenstergewänden des ersten Obergeschosses.

■ ■ 9. BEZIRK ■ ■

9, Alser Straße 23
WOHN- UND GESCHÄFTSHAUS

Bei dem 1910 von Ernst Epstein in reichen, teils neoklassizistischen Formen errichteten Haus ist der glasüberdachte Innenhof als Vestibül gestaltet, das seitlich gegen eine zweiläufige Nebenstiege geöffnet ist.

9, Glasergasse 9
WOHNHAUS

Von Oskar und Richard Marek 1905 errichtetes Wohnhaus; die Fassade mit flacher geometrisierender Gliederung, die Fensterverdachungen im ersten Obergeschoß mit Ziegeldeckung.

9, Glasergasse 11
MIETHAUS

Von F. Dehm & F. Olbricht im Jahr 1900 errichteter Bau, ungewöhnliche secessionistische Gliederung mit Masken und Sonnenblumenmotiven, markanter, spitz vortretender Mittelerker.

9, Hofergasse 13
(= Lazarettgasse 13)
MIETHAUS

1904 entstandenes Frühwerk von Robert Oerley; Zweifrontenhaus mit balkonbekröntem, ursprünglich mit vegetabiler Putzornamentik dekoriertem Eckerker. Die über der Dachlinie segmentbogig abgeschlossenen Fassadenspiegel durch schirmartige, die stilisierte Pilastergliederung abschließende Gesimse akzentuiert. Reliefierte Rosenbordüre als Portalrahmung und als Friesdekor im Vestibül.

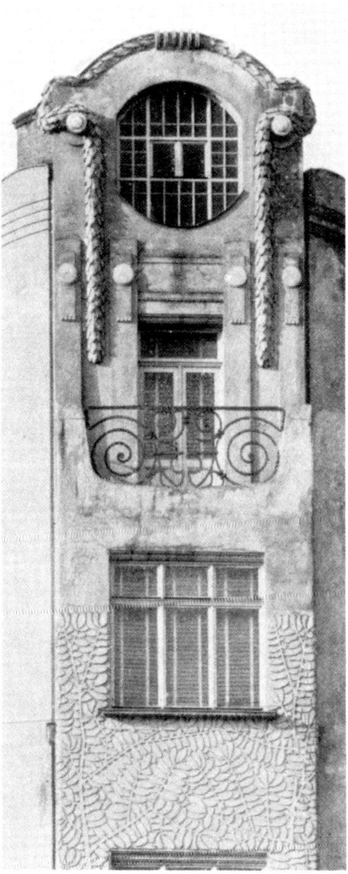

Höfergasse 13, ursprünglicher Zustand

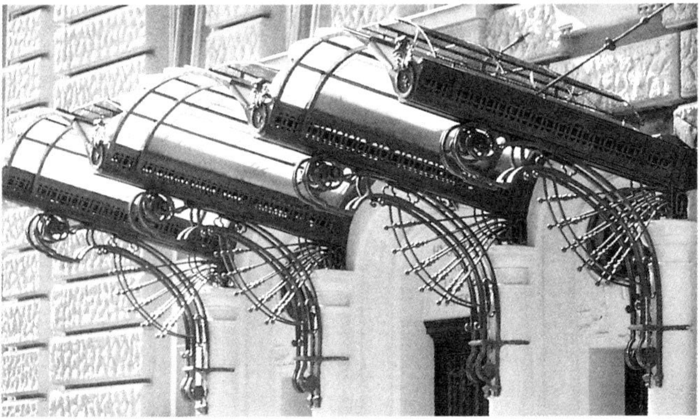

Kinderspitalgasse 15, Vordach

9, Kinderspitalgasse 15
HYGIENE-INSTITUT

Der monumentale, klassizierend gegliederte, mit Lorbeerkränzen geschmückte Bau weist über dem Eingangsportal ein reizvolles, grazil gestaltetes dreiteiliges Glas-Eisen-Vordach auf. Derartige Vordächer waren ein in der Architektur des Späthistorismus und Jugendstils sehr beliebtes Element, das allerdings häufig Umbau- und Erneuerungsarbeiten zum Opfer gefallen ist.

9, Liechtensteinstraße 53 – 55
PALAIS KRANZ

Der 1875 errichtete Bau wurde 1907 von Friedrich Ohmann durch Vorblenden einer noblen, klassizierend genuteten Sockelzone neu fassadiert. Im Bereich der Hauptgeschosse, über den durch Erker akzentuierten Portalachsen reiche Bandlwerkornamentik.

9, Otto-Wagner-Platz 3
NATIONALBANK

Der 1913 bis 1916 errichtete mächtige Bau der Oesterreichischen Nationalbank ist ein Werk Leopold Bauers, eines Schülers

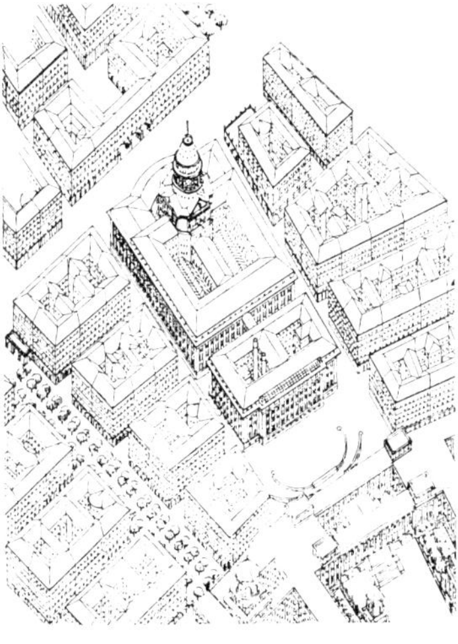

Nationalbank, Projekt. Das geplante, nicht ausgeführte Hauptgebäude an der Stelle des heutigen Otto-Wagner-Platze

von Otto Wagner, der die Nachfolge seines Lehrers als Professor für Architektur an der Akademie der bildenden Künste antrat. Das Bauwerk, das nach der ursprünglichen Planung nur die Druckerei der Nationalbank beherbergen sollte, ist in strengen neoklassizistischen Formen gehalten. Steinfassade mit Ständergliederung, Hauptportal mit figuralem Sturzrelief von Othmar Schimkowitz. Über Attikageschoß ausladendes Kranzgesims. Neuer Dachaufbau nach Brandschaden von 1979.

9, Porzellangasse 4 – 6
EHEM. WAGENFABRIK ARMBRUSTER

Das 1897 bis 1899 von Ludwig Baumann errichtete Wohn-, Fabriks- und Geschäftshaus war ursprünglich noch reicher dekoriert, u. a. waren die Seitenrisalite von großen Quadrigen bekrönt.

9, Porzellangasse 9
MIETHAUS

1911 von Hugo Manhardt im eigenen Auftrag errichteter Wohnbau mit spätsecessionistischer Gliederung; die Mittelachse in Doppelarkaden geöffnet, Dachbekrönung mit nierenförmigem Atelierfenster.

9, Porzellangasse 18
POSTAMT

1906 von der Allgemeinen Österreichischen Baugesellschaft errichtet; malerisch-asymmetrische Gliederung; großes Stuckrelief mit Drachendarstellung.

9, Roßauer Lände
ENSEMBLE

Die Roßauer Lände bildet im Bereich Nr. 23 bis Nr. 49 ein eindrucksvolles Ensemble spätgründerzeitlicher Miethäuser. Interessant ist unter anderen das Haus Nr. 31 von Franz Holik.

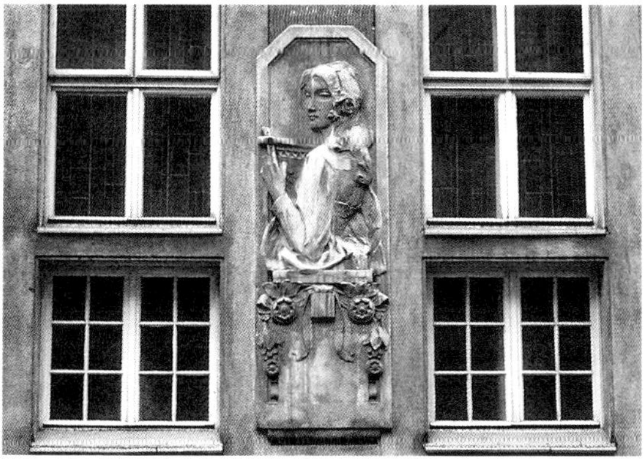

Seegasse 16/16 A, Relief

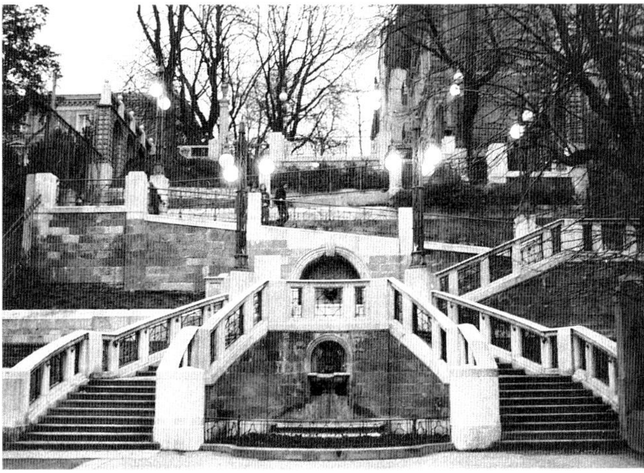

Strudlhofstiege

9, Roßauer Lände 5 – 9
POLIZEIGEBÄUDE

Der nach der ehemaligen Adresse Elisabethpromenade im Volksmund „Liesl" genannte, durch überhöhte Risalite und runden Eckturm akzentuierte Monumentalbau entstand 1902 – 1904 nach Entwürfen von Alfred Keller.

9, Seegasse 16/16 A
MIETHAUS

Erbaut 1910; figurale Reliefs an den Wandpfeilern des Erdgeschosses.

9, **STRUDLHOFSTIEGE**

Die durch den gleichnamigen Roman Heimito von Doderers berühmt gewordene Stiegenanlage wurde 1910 nach Plänen Theodor Jägers errichtet.

9, Thurngasse 8
WOHNHAUS

Miethaus von 1908. Im Vestibül Gußsteinbrunnenfigur eines Mannes, der ein muschelförmiges Becken hält. Originell auch das Portal mit mehrfach durchbrochener, von Vasen flankierter Oberlichtöffnung.

■ ■ 10. BEZIRK ■ ■

10, Gudrunstraße 153 – 159
BETRIEBSBAHNHOF FAVORITEN

Bei dem um 1910 errichteten Betriebsbahnhof der Wiener Verkehrsbetriebe frappiert vor allem der Gegensatz zwischen dem mächtigen fünfgeschossigen, sparsam dekorierten, an der Westseite mit Majolikareliefs geschmückten Hauptgebäude (hinter dem die drei in Betonkonstruktion errichteten Remisenhallen liegen) und dem östlich anschließenden, teilweise mit denselben formalen Mitteln gestalteten freistehenden kleinen Baukörper, der mit seinem hohen, in Bay-windows geöffnetem Mansarddach eher wie eine bescheidene private Villa wirkt.

10, Laxenburger Straße 8
ARBEITERHEIM

Der fünfgeschossige Straßentrakt an der Laxenburger Straße (mit heute vereinfachter Fassade) entstand 1901/02 nach Plänen des damals 30jährigen Hubert Gessner, der gerade einen großen Wettbewerb gewonnen hatte, an dem viele andere Wagner-Schüler beteiligt waren. 1912 wurde vom selben Architekten der Hoftrakt mit Fassade zur Jagdgasse errichtet. Dieser Bauteil zeigt noch weitgehend die ursprüngliche prägnante Gliederung, bei der vor allem die ungewöhnlichen Fensterproportionen und die starke Akzentuierung der Mittelachsen auffallen.

Laxenburger Str. 8
Arbeiterheim

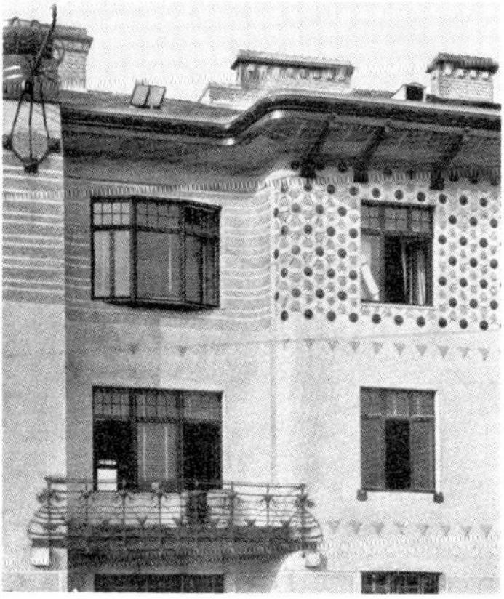

Ursprünglicher
Zustand

■ ■ 11. BEZIRK ■ ■

11, Simmeringer Hauptstraße
ZENTRALFRIEDHOF

Die monumentale, für den pompösen Totenkult der Jahrhundertwende charakteristische Toranlage des bereits 1874 eröffneten Zentralfriedhofs wurde 1905 nach Plänen von Max Hegele, von dem auch die dahinterliegenden Leichenhallen stammen, errichtet. Die Reliefs „Christus erwartet die Lebensalter und Geschlechter, die ihm nahen", wurden von Georg Leisek und Anselm Zinsler ausgeführt. Den Mittelpunkt der Friedhofsanlage bildet die dem hl. Karl Borromäus geweihte Karl-Lueger-Gedächtnis-Kirche, die in den Jahren 1907 bis 1910 ebenfalls von Hegele erbaut wurde, wobei die Planung allerdings bereits auf 1899, das Jahr des Wettbewerbs, zurückgeht. Bei dem häufig mit Otto Wagners Steinhofkirche verglichenen, für doppelt so viele Besucher konzipierten Sakralbau wurden – im deutlichen Gegensatz zu der berühmten Anstaltskirche St. Leopold – die rippengegliederte Kuppel und der Unterbau miteinander verschliffen; dadurch ergab sich eine relativ weiche, plastisch wirkende Umrißform, deren Oberfläche geometrisierend mit quadratischen Plattenelementen dekoriert ist. Die beiden Engelspaare an der wuchtigen Portalfront stammen von Carl Wollek und Theodor Charlemont, die Sitzfiguren der vier Evangelisten an den Seitenfronten von Josef Heu (hl. Johannes), Othmar Schimkowitz (hl. Lukas), Josef Breitner (hl. Matthäus) und Arthur Kaan (hl. Markus). Beim Innenraum – Hegele verzichtete nicht wie Wagner auf die Wirkung der (39 m hohen) Kuppel – wird durch die breiten geschlossenen Wandfelder der Eindruck großer Massigkeit suggeriert. Die Evangelistenreliefs der vier Kuppelpendentivs und die Glasfenster entstanden nach Entwürfen von Leopold Forstner. Die Wandgemälde im Altarraum (auf denen zweimal Bürgermeister Lueger, dessen Grabstätte sich in der Unterkirche befindet, dargestellt ist) wurden von Hans Zatzka geschaffen, die seitlichen Reliefs von Arthur Strasser (links) und Franz Seifert (rechts), die Pieta in der rechten Seitenkapelle stammt von Oskar Thiede, das Relief „Apotheose der Kaiserin Elisabeth" von Theodor Charlemont.

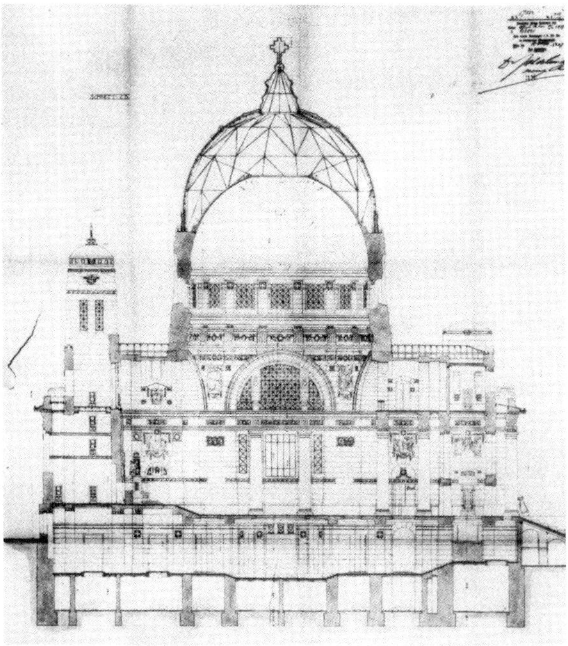

Zentralfriedhof, Karl-Lueger-Gedächtniskirche, Schnitt und Relief Hl. Lukas von Leopold Forstner

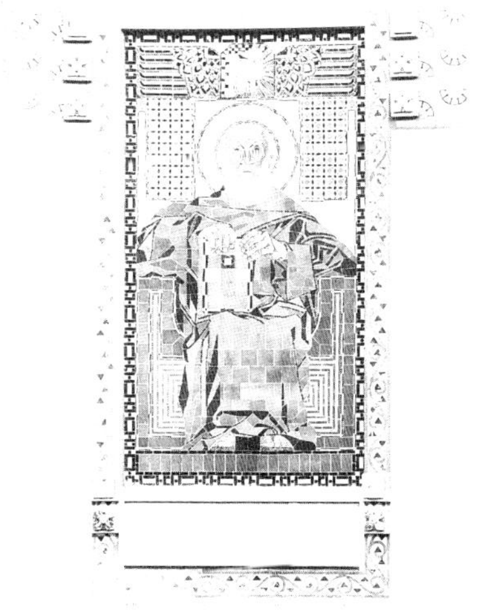

12. BEZIRK

12, Arndtstraße 77
MIETHAUS

Errichtet 1904 nach Plänen von Oskar Laske. Die geschwungenen Fensterverdachungen im 1. Obergeschoß zu durchlaufendem ondulierendem Gesims zusammengefaßt. Realistisch wiedergegebene Pflanzenmotive in den maskengeschmückten Relieffeldern über dem 2. Obergeschoß sowie an den Stellen, wo die sich erst im letzten Stockwerk entwickelnden Wandpfeiler das weit vorspringende Kranzgesims „durchstoßen".

12, Ratschkygasse 25
WOHNHAUS

Erbaut 1907 von Josef Eigl. Nilgrüne Fliesenverkleidung des Fonds kontrastierend mit dem Putzdekor.

12, Ratschkygasse 36
SCHILLERHOF

Reich gegliedertes Eckzinshaus im „Baumeisterjugendstil".

12, Schönbrunner Straße 209 (= Längenfeldgasse 4)
MIETHAUS

Erbaut 1898/99 vom Wagner-Schüler Josef Ludwig, dessen Bruder Alois an der Planung des gleichzeitig entstandenen „Majolikahauses" (6, Linke Wienzeile 40) beteiligt war. Interessantes Beispiel für die Frühphase des Wiener Jugendstils; wie auch bei den Wagner-Häusern in der Linken Wienzeile werden noch zahlreiche konventionelle klassizierende Motive eingesetzt, aber in ihrer architektonischen Verwendung verfremdet. Vor allem im Foyer deutliche Anlehnung an das Dekorrepertoire der Stadtbahn. Stiegenhausgeländer mit Schabrackenmotiven.

12, Schönbrunner Straße 264
WOHNHAUS

Das Portal des großbürgerlichen Wohnhauses ist mit Putti und Meerestieren geschmückt. Repräsentatives Foyer.

12, Wolfganggasse 58 – 60
INDUSTRIEBAU

Der südliche Teil des Hauskomplexes geht auf die 1913 von Hubert Gessner errichtete Industrieanlage der Konsumgenossenschaft Wien zurück. Bei der außergewöhnlichen, durch neue Fenster in ihrer Wirkung etwas beeinträchtigten Fassade kontrastiert der glatte Verputz des Mittelteiles mit den (durch im Ziegelverband vorragende Steine ornamentierten) Backsteinoberflächen der seitlichen Lisenen und des hohen Attikageschosses.

■ ■ 13. BEZIRK ■ ■

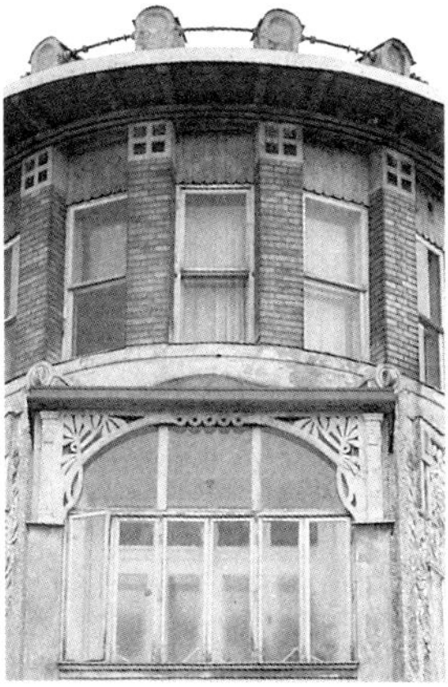

Altgasse 27, Galileihof

13, Altgasse 27
(= Lainzer Straße 3 – 5)
GALILEIHOF

Bei dem auch städtebaulich wichtigen Eckzinshaus von Emil Rettmann wurden im Sinn des „Baumeisterjugendstils" viele typische Elemente der Wiener Secession und der Wagner-Schule verarbeitet.

13, Amalienstraße 31 – 33
BERUFSSCHULE

Errichtet 1913 vom Wiener Stadtbauamt. Große Anlage im Heimatstil, um einen von einer Zinnenmauer abgeschlossenen Ehrenhof gruppiert. Geschlossene Wirkung durch mächtige ziegelgedeckte Walmdächer.

13, Auhofstraße 15
→ Hietzinger Hauptstraße 40

13, Auhofstraße 230
VILLA

Der 1907 von Leopold Bauer für eigene Zwecke geschaffene zweigeschossige Backsteinbau mit hohem Mansarddach ist ein charakteristisches Werk für den nüchternen Stil der Wagner-Schule in der Zeit um 1905. Innerhalb des schmucklosen Ziegelverbandes (nur die Parapettfelder des Erdgeschosses treten körperhaft hervor) sind sogar die

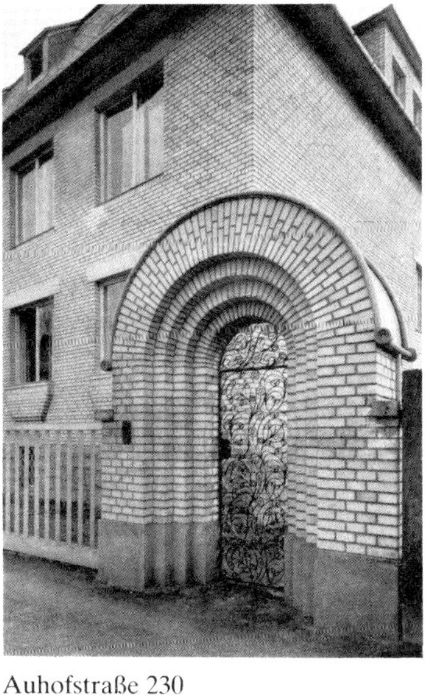

Auhofstraße 230

Betonbalken über den Fenstern sichtbar gelassen. In deutlichem Kontrast dazu stehen die besonders feinen Schmiedearbeiten des Gartenportals und der Oberlichte des Hauseinganges (mit Monogramm „B 1907"). Die Rückseite des Hauses ist gegenüber der Straßenfront mit Loggia und halbrundem Vorbau plastischer gestaltet. Das auf Stelzen errichtete kreisförmige Salettl wurde vom Architekten 1927 angefügt.

13, Beckgasse 30
VILLA LANGER

Erstlingswerk von Josef Plečnik, der im Jahre 1900 von Baumeister Karl Langer mit der Umplanung eines bereits begonnenen Villenbaues beauftragt wurde. Der inneren Raumstruktur entsprechend, öffnet sich die mit einer Reliefornamentik aus Rosenblüten und Wellenlinien bewußt atektonisch gestaltete Straßenfassade in verschieden großen, teils gewölbten Fenstern. Die mit Klinkersteinen gesäumte Kante zur abgesetzten Achse der Küchenfenster wurde mit einem vollplastisch dargestellten Gänsekopf humoristisch bereichert. Bei diesem Haus verarbeitete Plečnik sowohl Vorbilder moderner Wiener Architektur (Wagner, Olbrich), orientierte sich aber auch an belgischen und französischen Art nouveau-Bauten (Horta, Guimard). Bemerkenswert ist auch das Eingangsportal.

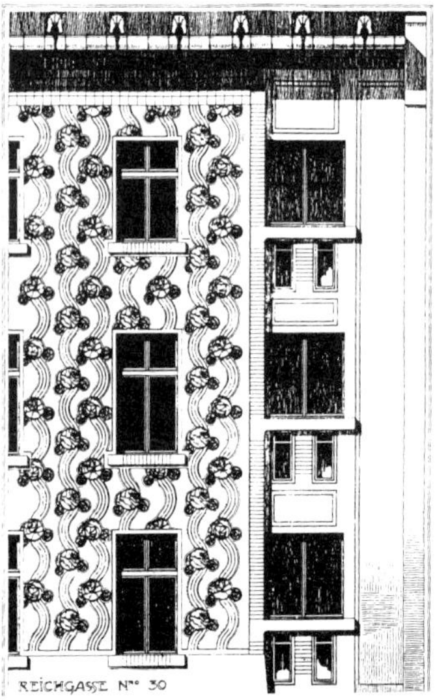

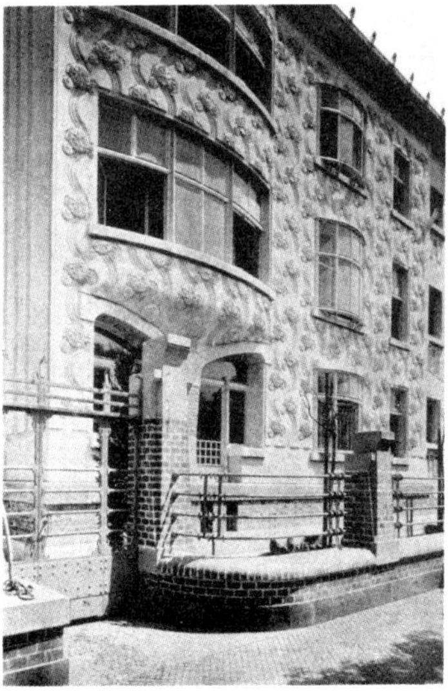

Beckgasse 30, Aufrißzeichnung (Detail) und ursprünglicher Zustand

13, Beckgasse 32
VILLA

Von dem Josef-Hoffmann-Schüler Carl Witzmann stammen mehrere Villenbauten im Hietzinger Cottage. Typisch bei diesem 1911 errichteten Haus ist die Beschränkung des Ornaments auf den Eingangsbereich.

13, Beckgasse 38
VILLA

Das unmittelbar an das Haus Münichreiterstraße 37 (= Beckgasse 36) anschließende Wohnhaus ist ebenfalls von Franz Krásny. Die analog gegliederte Fassade ist durch zwei turmbekrönte Vorbauten akzentuiert.

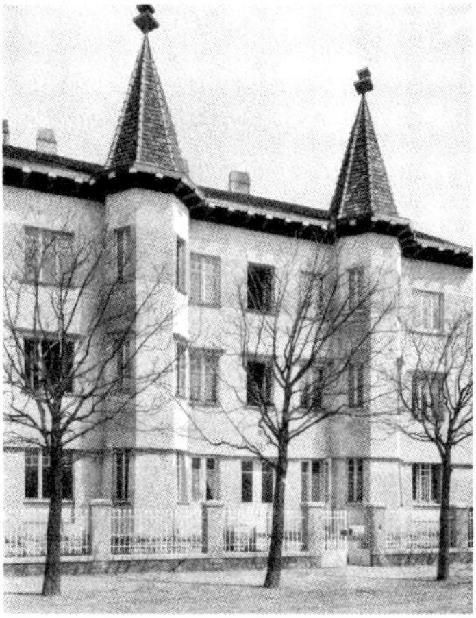

Beckgasse 38

13, Dommayergasse 9
MIETVILLA

Bei dem von August Belohlavek entworfenen Bau werden die abgerundeten Ecken durch differenzierte Putzoberflächen in schrägen Linien von den übergiebelten Seitenfronten abgegrenzt, was noch durch ein eigenartiges fast textilhaft wirkendes Blattdekor unterstrichen wird; originelles Vorgartengitter.

13, Eitelbergerstraße 18
VILLA

Von Carl Witzmann 1913 aufgeführter sachlicher Villenbau mit eingezogenem Mittelteil; zurückhaltende Gliederung durch vertikale Putzstreifen und schmale ornamentierte Sohlbankgesimse.

13, Elßlergasse 8
(= Larochegasse 11)
HAUS KOSMAK

Das 1912/13 von dem Josef-Hoffmann-Schüler Carl Witzmann errichtete Haus zeigt eine an Adolf Loos orientierte bemerkenswert „moderne" Fassadengestaltung. Nur die Gewände der drei tiefliegenden Portale sind mit sparsamer Ornamentik im Stil der Wiener Werkstätte dekoriert.

13, Elßlergasse 11 – 11a
DOPPELVILLA

Die zwei Jahre vor dem gegenüberliegenden „Haus Kosmak" vom selben Architekten entworfenen kleinen Wohnbauten mit ausgebauten Mansarddächern zeigen eine von Josef Hoffmann beeinflußte Gliederung, bei der die Fenster mit schmalen ornamentierten Profilstäben gerahmt werden, die hier in Putz ausgeführt sind.

13, Elßlergasse 16
(= Kupelwiesergasse 15)
VILLA

Charakteristisches Beispiel für die Villenbauten Josef Beers, wie sie um 1910 in großer Zahl im Hietzinger Cottage entstanden.

13, Fasangartengasse 101
INVALIDENHAUS

In der im Pavillonsystem errichteten, 1909 vollendeten Anlage des neuen Invalidenhauses zentraler, konservativ gestalteter Kirchenbau (hl. Johann Nepomuk) mit hohem Glockendach. An der übergiebelten Hauptfront über dem Portikus großes Thermenfenster, flankiert von Engelreliefs.

13, Gloriettegasse 14 – 16
VILLA PRIMAVESI

Die repräsentative, außerordentlich großzügig gestaltete Villenanlage, die als das Wiener Hauptwerk Josef Hoffmanns gilt, wurde 1914/15 für den Großindustriellen Robert Primavesi und Josefine Skywa errichtet. Die monumentale, symmetrisch gestaltete Straßenfassade, deren fünfachsiger Mittel-

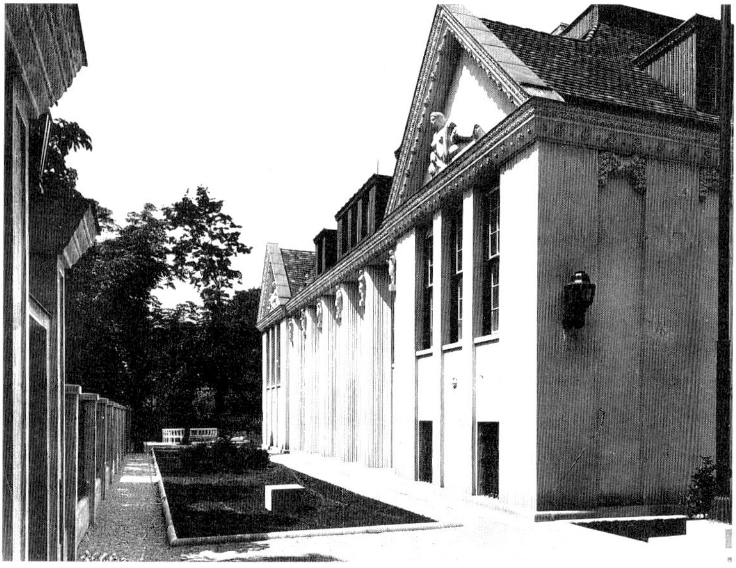

Gloriettegasse 14–16, Villa Primavesi, Straßenfront

risalit mit kannelierten gerundeten Pilastern gleichsam als Säulenportikus wirkt, wird von dreiachsigen flachen Seitenrisaliten mit hohen Dreieckgiebeln flankiert. Der plastische Schmuck der Pfeiler und Giebelfelder stammt von Anton Hanak. Im Gegensatz zur ruhigen Hauptfront erscheinen die Gartenfassaden durch Vor- und Rücksprünge der Bauteile und unterschiedliche Boden- und Terrassenniveaus viel bewegter. Wie bei zahlreichen Bauten Hoffmanns sind auch hier die kannelierten Wandpfeiler zwischen den Fenstern sowie das kräftige, mit zierlichen Schmuckapplikationen besetzte Kranzgesims die wesentlichsten Gliederungselemente. Zu der in einem sorgfältig gestalteten parkartigen Garten gruppierten Anlage gehören zahlreiche, architektonisch durchgeformte Nebengebäude.

13, Gloriettegasse 21
VILLA SCHOPP

Die großzügig konzipierte Villa wurde 1901 von Friedrich Ohmann und Josef Hackhofer errichtet. Die symmetrische, repräsentative Straßenfront und die eher malerisch aufgelöste Gartenfassade sind durch differenzierte Putzoberflächen gegliedert und erhalten durch reichen vegetabilen und zoomorphen Dekor sowie kunstvolle Schmiedearbeiten einen besonderen Reiz. Die straßenseitige Begrenzung mit Pförtnerhaus, Laternen und Gittern in bizarren Formen bildet ein wesentliches Element der eindrucksvollen Anlage.

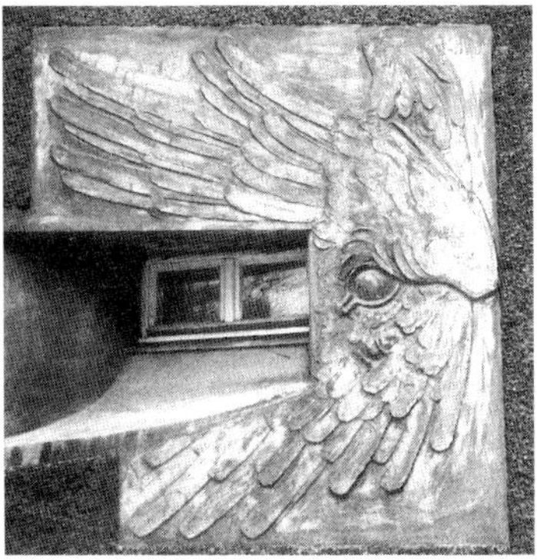

Glorietteg. 21, Portierhaus, Detail

13, Hietzinger Cottage
ENSEMBLE

Das Gebiet zwischen Hietzinger Hauptstraße – Lainzer Straße und der Trasse der Verbindungsbahn, in dem sich seit den 1860er Jahren das weiträumige Vergnügungsgelände „Neue Welt“ befand, wurde erst ab 1883 für eine Villenverbauung aufgeschlossen. In der Spätzeit der Monarchie entstanden hier zahlreiche bemerkenswerte Bauten, von denen in diesem Rahmen nur eine kleine Auswahl behandelt werden kann.

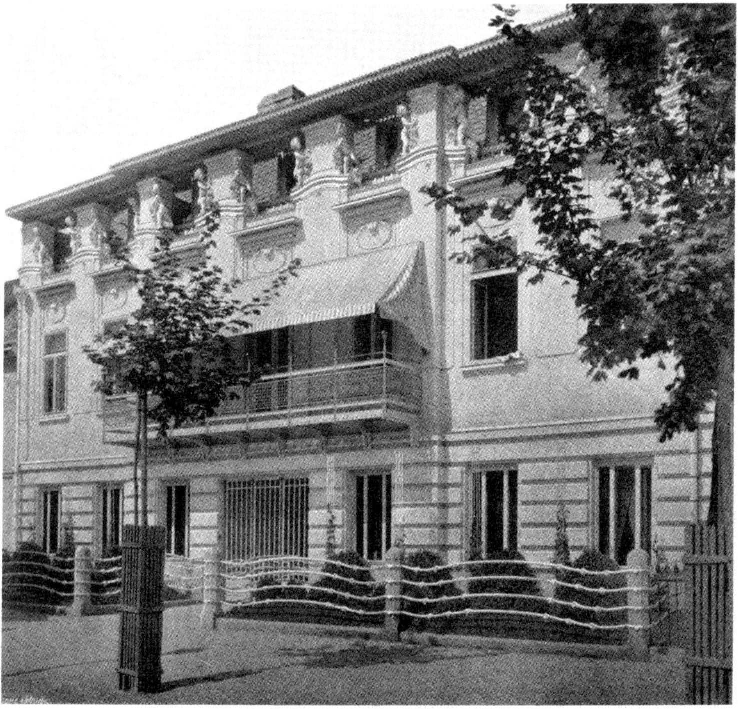

Hietzinger Hauptstraße 6, Villa Weidmann, ursprünglicher Zustand

13, Hietzinger Hauptstraße 6
VILLA WEIDMANN

1901 von Josef Plečnik für Josef Weidmann adaptierter Villenbau, dessen Hauptfassade später etwas verändert wurde. Von fast barockem Charakter ist die mit Putto-Plastiken bereicherte zinnenartige Attikazone. In dieser Villa, deren Interieurs ebenfalls von Plečnik gestaltet waren, lebte der Komponist Alban Berg in den Jahren 1906/07.

13, Hietzinger Hauptstraße 36a (= Auhofstraße 9)
HAUS TITANIA

Repräsentatives Wohnhaus von Josef Beer mit den für diesen Architekten typischen Merkmalen: Asymmetrische Gliederung, in die stockwerksweise differenzierte Putzoberfläche eingeschnittene Öffnungen, durch plastisch ornamentierte vortretende Fensterpfeiler betont, vertikale reliefartige Profilstäbe, abgeschrägte Ecke, ausladendes Dach, akzentuiert eingesetzte figurale Plastik.

13, Hietzinger Hauptstraße 40 (= Auhofstraße 15)
VILLA

Der von einem hohen, zweifach abgetreppten Pyramidendach bekrönte kubische Bau wurde 1911 bis 1913 von Robert Oerley für den Industriellen Robert Wustl errichtet. Der durch einen auf Säulen ruhenden Balkon überdachte Eingang zu der imposanten, „modern" wirkenden Villenanlage wird von zwei Vasen flankiert, die denen vor der Secession (→1, Friedrichstraße 12) genau entsprechen.

13, Hietzinger Hauptstraße 64
APOTHEKE „WESTEND"

Gediegene spätsecessionistische Inneneinrichtung von 1913.

13, Hietzinger Hauptstraße 126, 126a
WOHNBAUTEN

Interessant der Vergleich zwischen dem mit sparsamen Mitteln sehr prägnant gestalteten Haus Nr. 126 des Wagner-Schülers Hans Mayr von 1906 und dem nur wenig früher errichteten Nachbarhaus Nr. 126a von Carl Stephann, bei dem das ganze Formen- und Materialrepertoire von Jugend-und Heimatstil angewendet wurde: Fliesenverkleidung, Stuckdekor mit Maskenmotiven, ornamental ge-

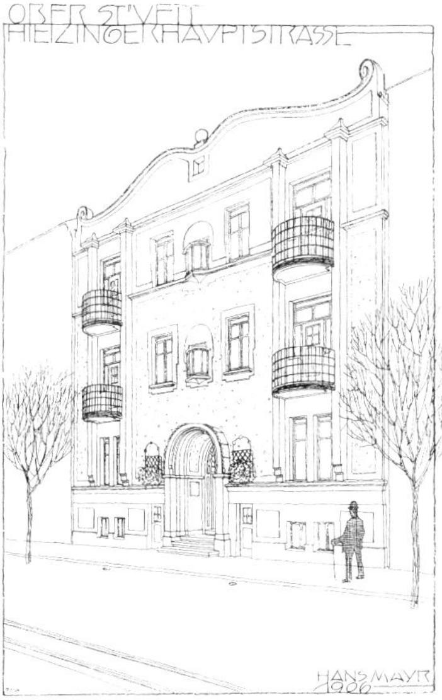

Hietzinger Hauptstr. 126, Entwurf

bogenes Fachwerk, Steingewände, kurvilineare Schmiedeeisenarbeiten bei den Blumenkästen und am Portal.

13, Hietzinger Hauptstraße 138
MIETHAUS

Bei diesem Werk des Wagner-Schülers Robert Farsky sind deutliche Parallelen zu Josef Plečniks Wohnhaus Langer (→ 5, Steggasse 1) erkennbar.

13, KENNEDYBRÜCKE

Von der 1898 bis 1900 von Friedrich Ohmann und Josef Hackhofer errichteten, wegen der Nähe zur kaiserlichen Sommerresidenz reich mit Hoheitszeichen ausgestatteten Brücke (der

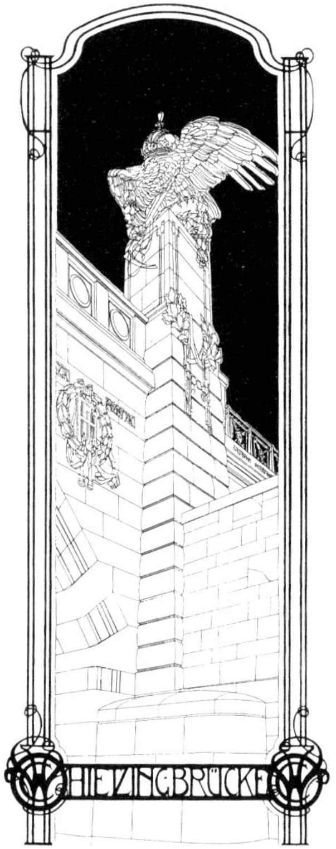

Kennedybrücke, Detailzeichnung

ursprünglichen Kaiser-Franz-Josephs-Brücke) sind heute gar noch die großen kronentragenden Bronzeadler (von Arthur Strasser) erhalten, deren Klauen Bauwerkzeuge umklammern.

13, Kupelwiesergasse 16
VILLA

Typischer malerisch gestalteter Jugendstilbau. Am Fuß des fachwerkgeschmückten Erkers Bäumchenrelief, Fliesenschmuck, Blattwerkfries. (E. u. A. Mogyorósy, 1903.)

13, Kupelwiesergasse 34
VILLA

Von Theodor Mayr entworfener kleiner Villenbau im Hietzinger Cottage. Durch differenzierte Putzstrukturen reizvoll gestaltete Fassade.

13, Lainzer Straße 31
MIETVILLA

Errichtet 1904 von F. Biberhofer, reich dekorierte Stuckfassade mit Sonnenblumenmotiven, weich geformte Balkonpfeiler. Fast analog gegliederter zweiter Straßentrakt in der Trauttmansdorffgasse 34–36.

13, Larochegasse 3
HAUS SCHEU

1912/13 entwickelte Adolf Loos mit diesem einseitig abgestuften Terrassenwohnhaus eine für Wien fremde, neue Lösung. Der erste und zweite Stock sind jeweils um vier Meter zurückversetzt, wodurch nach Osten gerichtete Terrassen entstehen, die den Schlafräumen vorgelagert sind. Die Anordnung der verschieden großen, engversproßten Fenster entspricht den Belichtungserfordernissen im Inneren. Die Baupolizei forderte einen Bewuchs der kahlen Fassade.

13, Matrasgasse 20
VILLA

Der kleine, von einem zweigeschossig ausgebauten Mansarddach bekrönte Villenbau wurde

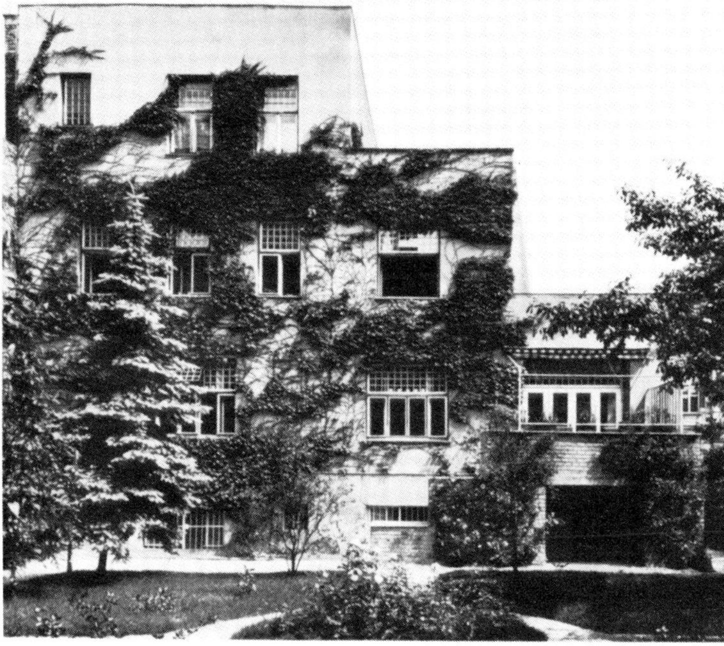

Larochegasse 3, Haus Scheu, Foto des ursprünglichen Zustands

1912 von Adolf Loos für den bekannten Schriftsteller Otto Stoessl errichtet.

13, Münichreiterstraße 18 – 20
VILLEN

Die 1910 von Franz Zeller errichteten Villenbauten sind von der englischen Cottage-Architektur beeinflußt.

13, Münichreiterstraße 19
(= Stadlergasse 11)
WOHNHAUS KREYCY

Von Hans Prutscher 1908 errichtete landhausartige Villa, repräsentative übergiebelte Eingangsfront mit breitem vertieftem Glasportal in der Mittelachse, darüber Rundbogenloggia mit konvexer Brüstung, Mansarddach.

13, Münichreiterstraße 32
VILLA

1912 errichteter ebenerdiger, von hohem Mansarddach mit türkis gefärbten Ziegeln bekrönter Bau von Carl Witzmann. An den Ecken Kunststeinrelieffelder mit freier vegetabiler Ornamentik, Majolika-Madonnentondo.

13, Münichreiterstraße 33
VILLA

Kubischer, um 1908 errichteter sachlich gestalteter Bau von Franz Zeller. Das zweite Obergeschoß durch rauhe Putzoberfläche mit eingesetzten quadratischen Goldmosaikfeldern betont.

13, Münichreiterstraße 37 (= Beckgasse 36)
VILLA

1907 errichteter, betont sachlich gestalteter Villenbau von Franz Krásny, der ein Mitarbeiter von Josef Hoffmann war. Für einen Villenbau ungewöhnliche Auflösung der Erdgeschoßzone in Wandpfeiler.

13, Nothartgasse 7
HAUS HORNER

Das 1912 von Adolf Loos errichtete einfache Familienhaus wird von einem runden, tonnenförmigen Blechdach abgeschlossen.

13, Opitzgasse
SIEDLUNG KÜNIGLBERG
ursprünglich
„Kolonie Ostmark"

Im Bereich von Würzburggasse (Nr. 9 – 41), von Wattmanngasse (Nr. 84 – 104), Melchartgasse, Stuweckengasse und Opitzgasse entstanden ab 1913 nach der Planung der Architekten Georg Roth und Rudolf Hauk teils freistehende, teils gekoppelte oder in Reihenbauweise errichtete Einfamilienhäuser. Detailreiche, z. T. dekorative Holzelemente verwendende Gestaltung im Sinn des frühen Heimatstils.

13, Sankt-Veit-Gasse 10
HAUS STEINER

Einer der bekanntesten Villenbauten von Adolf Loos (1910), heute stark verändert. An der Straßenfront war das Blechdach ursprünglich halbtonnenförmig bis zum Erdgeschoß heruntergezogen, um der baupolizeilichen Vorschrift einer eingeschossigen Straßenfront (mit ausgebautem Mansarddach) zu genügen. Dreigeschossige Gartenfront: ornamentlose Putzoberfläche bei strenger Symmetrie der Fensteraufteilung.

13, Sankt-Veit-Gasse 59
EHEM. SÄUGLINGSHEIM UND KINDERSANATORIUM

Mit hohem Satteldach (gedrückte Hufeisenbögen in der Verbretterung der Giebel) und typisch secessionistischem Laubwerkdekor; der Widmung entsprechend, idyllisch gestalteter Bau, bei dem das Vokabular der Cottage-Architektur mit modernen Jugendstilformen kombiniert wurde (1904 von Karl Stöger).

13, Schloßberggasse 14
VILLA

Die 1901 errichtete Villa ist ein Werk von Otto Wagner junior,

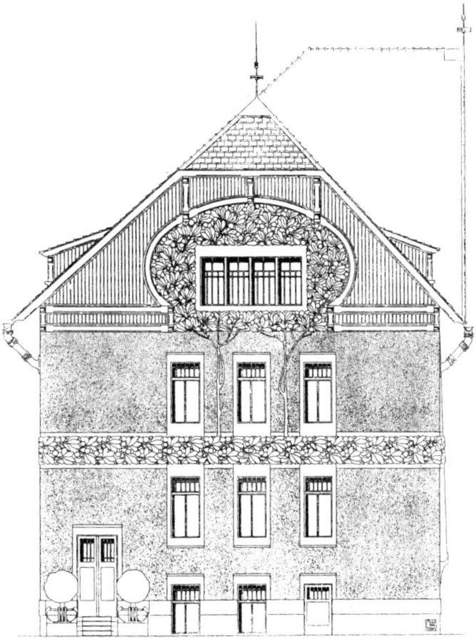

Sankt-Veit-Gasse 59, Aufriß

der sich hier möglicherweise von Olbrichs Haus Habich (Darmstadt) beeinflussen ließ. Der Baukörper ist aus drei Kuben verschiedener Höhe zusammengesetzt, die um ein Stiegenhaus angeordnet sind. Die hellen Mauerflächen werden durch geometrische Bänderungen, farbig gehöhte Rankenfriese und hellgrüne Fliesen belebt.

13, Stoesslgasse 2
MIETVILLA

Die Eingangsfront wird durch die in extravaganten Art nouveau-Formen asymmetrisch gestaltete Mittelachse (mit polygonalem balkonbekröntem Erkervorbau) akzentuiert. Über dem Portal das Baudatum 1906 in Goldmosaik.

13, Trauttmansdorffgasse Nr. 34 – 36
→ **13, Lainzer Straße 31**

13, Trauttmansdorffgasse 50
FÜRSTENHOF

1905 errichteter dreigeschossiger Wohnbau von Hans Dvořak. Markante Gestaltung der Loggien über den Erkern, die von halbrunden Glasdächern abgeschlossen werden. Mit figuraler Plastik geschmückte Bauinschrift im Vestibül.

13, Wattmanngasse 29
WOHNHAUS

Das 1914 nach Plänen von Ernst Lichtblau errichtete Haus zeigt eine außergewöhnliche Fassadengestaltung: In allen Geschossen sind die Fenster durch eine plastisch-keramische Verkleidung zu horizontalen Streifen zusammengefaßt; auch das abschließende hohe Kranzgesims ist auf diese charakteristische Weise geschmückt. Die hochrechteckigen Felder zwischen den Fensterachsen zeigen grotesk gekleidete Figuren in einer exotisch wuchernden Pflanzenwelt. Die dichtgedrängte Komposition mit ihren zackigen Formen hat bereits expressionistische Züge. (Die plastische Gestaltung geht auf Willy Russ zurück.)

13, Winkelbreiten 6
VILLA

Die 1913 errichtete, durch eigenwillig geformte Loggien und Veranden charakterisierte freistehende Mietvilla ist möglicherweise von volkstümlicher skandinavischer Holzarchitektur beeinflußt. (Architekt: Karl Fischl).

13, Winzerstraße 22
VILLA BAHR

Das 1899 von Josef Maria Olbrich für Hermann Bahr errichtete kleine „Landhaus“ war einst reich mit buntem, vegetabilem Dekor geschmückt. Die Form des Baukörpers und das steile, abgewalmte Dach lassen das Haus auch in seinem heutigen veränderten Zustand noch als ein Werk Olbrichs erkennen.

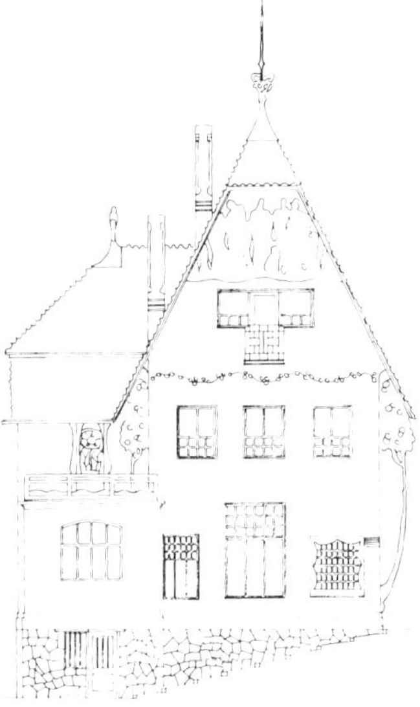

Winzerstraße 22
Villa Bahr

Aufriß
(Einreichplan)

14. BEZIRK

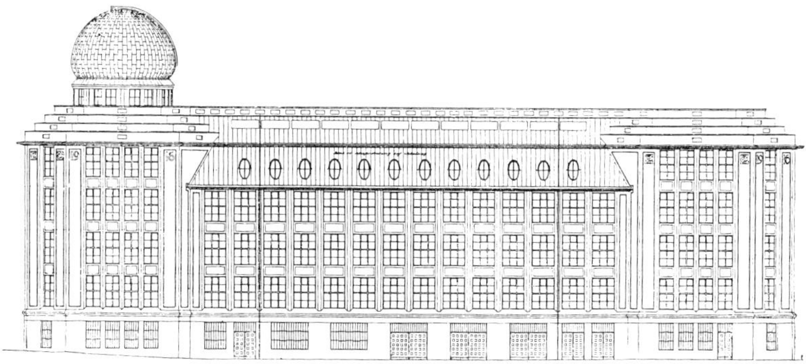

Abbegasse 1, Zeiss-Werke, Aufriß

14, Abbegasse 1
ZEISS-WERKE

1916/17 von Robert Oerley errichteter Industriebau. Sachlich-funktionale Gestaltung, aber durch dramatische Gliederung der kubischen Baumassen (langgestreckter Mittelteil mit überhöhten polygonalen Eckrisaliten) und markante Details, wie die Abtreppung der Risalitdächer, von denen das eine von einer Observatoriumskuppel bekrönt wird, expressive Wirkung.

14, Baumgartner Höhe 1 (=Am Steinhof)
ANSTALTSKIRCHE ST. LEOPOLD

Im Zuge der Vorbereitungen für den Bau der niederösterreichischen Landes-Heil- und Pflegeanstalt wurde im Jahre 1902 ein Wettbewerb für die Anstaltskirche ausgeschrieben. Otto Wagner beteiligte sich daran und erarbeitete zusätzlich einen neuen Lageplan für die Gesamtanlage, der eine noch stärkere hierarchische Orientierung auf den bekrönenden Sakralbau vorsah. Bei dem im folgenden Jahr in Angriff genommenen Bau der im Pavillonsystem um eine Mittelachse (die ursprünglich die Männer- von der Frauenseite getrennt hatte) angeordneten Anlage – die, nach damals modernsten Gesichtspunkten konzipiert, 60 Gebäude für 2.500 Kranke umfaßte und sogar über einen eigenen Theaterbau verfügte – hielt man sich an diesen Lageplan Wagners, der den Auftrag für die Ausführung der dem niederösterreichischen Landespatron St. Leopold gewidmeten

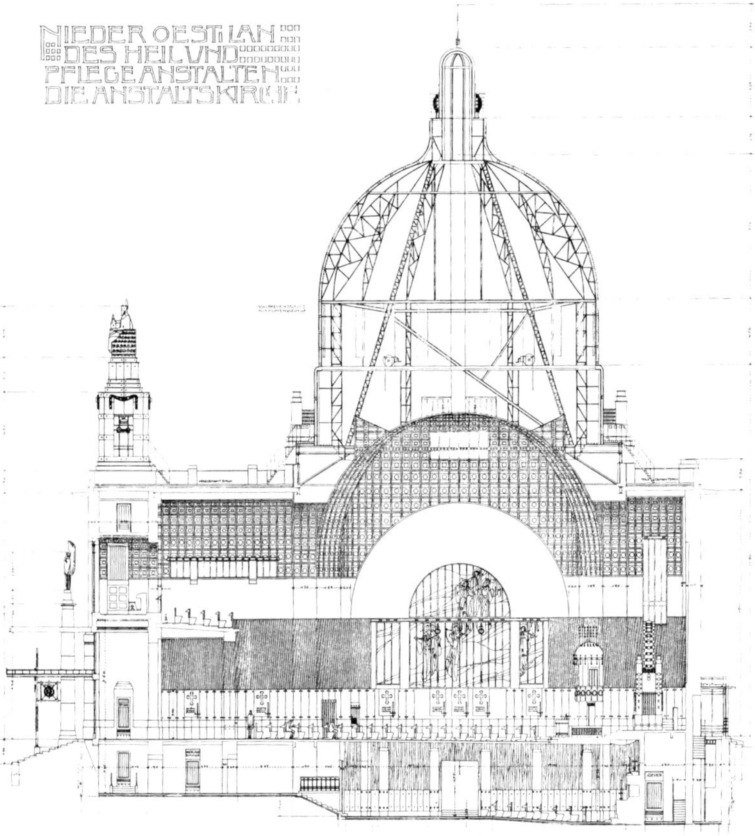

Steinhof, Anstaltskirche St. Leopold, Schnitt

Kirche erhalten hatte. (Die übrigen Bauten entstanden nach Plänen des niederösterreichischen Landesbauamtes unter der Leitung von Oberbaurat Franz Berger.) Der in den Jahren 1905 bis 1907 über dem traditionellen Grundriß eines griechischen Kreuzes in beherrschender Lage errichtete Bau wird von einer hohen Kuppel bekrönt, die – auf Fernsicht konzipiert – ursprünglich vergoldet war. Die Außenmauern sind ähnlich wie bei dem Gebäude der Postsparkasse mit weißen, mit Kupferbolzen fixierten Marmorplatten verkleidet, wodurch eine Verlebendigung der Oberflächenwirkung erzielt wurde. Die Engel am

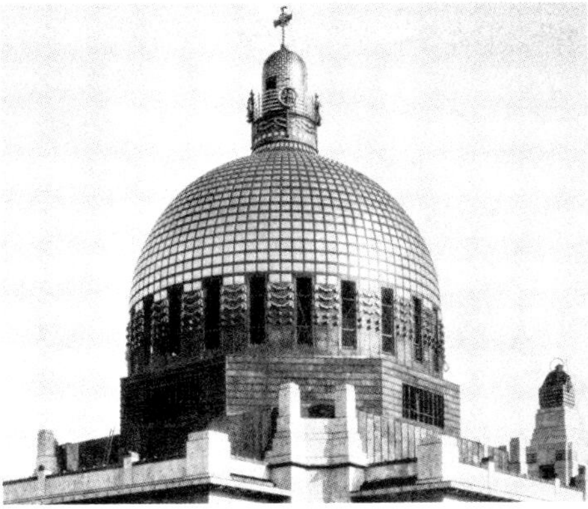

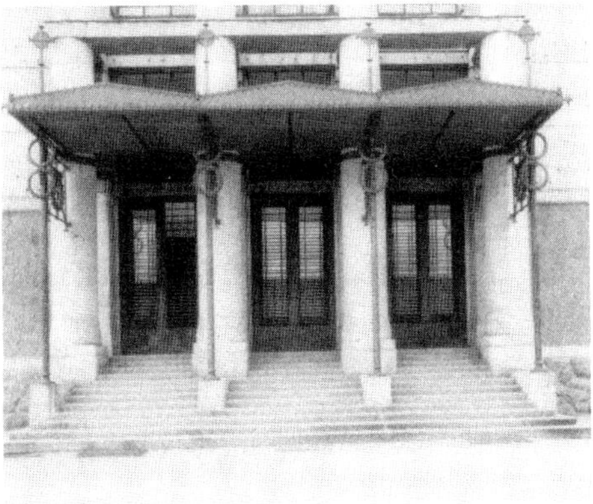

Anstaltskirche St. Leopold, Kuppel im ursprünglichen Zustand und Hauptportal mit Bronze-Vordach

dreiteiligen Portal schuf Othmar Schimkowitz, die Plastiken über den kurzen Türmen stammen von Richard Luksch.

Im Inneren wurde der Kuppelraum aus ästhetischen und akustischen Gründen nicht genützt. Eine flach gekrümmte Decke aus Rabitzplatten schließt den Raum, in den orthogonalen Raster der vergoldeten Trägerprofile sind schmale Glasfenster integriert. Die Raumwirkung wird wesentlich von den Glasmosaikfenstern Kolo Mosers bestimmt. Kanzel, Orgel und der durch schmale Seitenfenster beleuchtete, ciboriumartige Hochaltar entstanden nach Entwürfen Otto Wagners. Das aus Keramik, Marmor, Email und Glas bestehende Mosaik an der Hauptaltarwand ist ein Werk von Remigius Geyling und Leopold Forstner; die Seitenaltarbilder schuf Rudolf Jettmar. So entstand einerseits ein prachtvolles Gesamtkunstwerk, andererseits aber auch ein moderner Kirchenbau, bei dem alle Besucher freien Blick auf den Altarraum haben und der vor allem auch den hygienischen Ansprüchen des Anstaltsbetriebs voll gerecht wurde: Der etwas abschüssige Fußboden ist besonders pflegeleicht, die kurzen am Boden fixierten, kantenlosen Sitzbänke erlauben das rasche Entfernen von unruhigen Patienten. Für Notfälle war ein eigenes Rettungszimmer vorgesehen. Die beiden an den Eingängen liegenden Weihwasserbecken sind (wie der Architekt schreibt) „zu Brunnen geformt, sodaß der Weihwasser Benützende nicht in ein Becken greift, sondern eine Hand unter einen dünnen, während des Kirchenbesuches laufenden Wasserstrahl hält, wodurch Infektionen vermieden werden."

14, Friedhofstraße 12 – 14 (Hadersdorf)
FRIEDHOFSKAPELLE

Der 1909 von Max Hegele über dem Grundriß eines griechischen Kreuzes (außen Pergolen in den einspringenden Ecken) errichtete, von einem hohen Blech-Satteldach mit polygonalem Turmaufsatz abgeschlossene Sakralbau zeigt im Innenraum – mit kassettierter Tonnenwölbung und zwischen Wandpfeilern zurückschwingender Altarwand – eine reiche Ausstattung mit Wandmalereien, bunten Glasfenstern und künstlerischer Einrichtung. Bemerkenswert die in die Architektur integrierten seitlichen Grabdenkmale der Familie Herzmansky.

14, Hadikgasse 58 A (= Diesterweggasse 1)
WOHNHAUS

Das 1902 von Hans Mayr errichtete Eckzinshaus zeigt viele für die Entstehungszeit typische Elemente: ondulierendes Gesims über dem Erdgeschoß, Fliesendekor im Balkonbereich, weit vorspringendes Kranzgesims mit Galanteriespenglerarbeiten.

14, Hauptstraße 3 (Hadersdorf)
WIENFLUSSAUFSICHT

Im Rahmen der Wienflußregulierung entstand auch die wasserbautechnisch interessante Anlage der Hochwasser-Sammelbecken in Weidlingau. Das 1903 von Friedrich Ohmann errichtete Aufsichtsgebäude hat mit seiner reizvollen Kammputz-Fassade, dem hohen Walmdach und der verschindelten Wetterseite trotz der technisch-administrativen Funktion eher ländlich-privaten Charakter.

14, Hüttelbergstraße 26
ERSTE VILLA WAGNER

Die 1886 bis 1888 errichtete „Erste Villa Wagner" ist noch ein Werk aus der historistischen Phase Otto Wagners und zeigt deutlich die Übernahme von Formen der italienischen Renaissance. Der von einem weit ausladenden Dach bekrönte, in der Mitte in einem Portikus mit jonischen Säulen geöffnete Mittelteil war nach dem ursprünglichen Konzept von Pergolen flankiert. Die rechte Pergola wurde 1895 von einem Glashaus zu einem Wohnraum ausgebaut, die linke 1900 zu einem Atelier umgestaltet. Die Glasfenster des Ateliers stammen von Adolf Böhm und stellen eine Herbstlandschaft im Wienerwald dar.

14, Hüttelbergstraße 28
ZWEITE VILLA WAGNER

Die „Zweite Villa Wagner" wurde in den Jahren 1912/13 errichtet, ein dem ausgeführten Bau bereits sehr ähnlicher Vorentwurf entstand bereits 1905. (Die Erste Villa war an den bekannten Filmproduzenten Ben Tiber verkauft worden; der viel kleinere Bau der Zweiten Villa war eigentlich als Witwensitz für Wagners um 18 Jahre jüngere Frau Louise gedacht, die dann schon 1915, drei Jahre vor ihm, gestorben ist.) Der Vergleich der beiden unmittelbar benachbarten Villen zeigt den Fortschritt in der Entwicklung Wagners in den 25 Jahren, die diese Bauten voneinander trennen. Es ist eine Entwicklung „Von einer Neorenais-

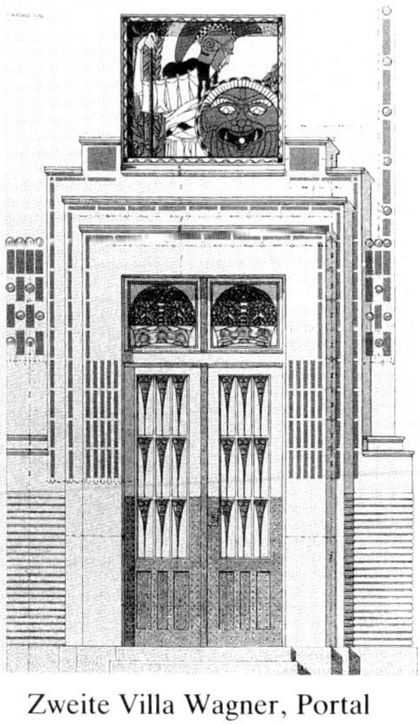

Zweite Villa Wagner, Portal

sance zur Modernen, vom symmetrischen zum asymmetrischen Grundriß, vom historischen zum eigenständigen Dekor“ (Uhl). Der kubische Baukörper weist schmale, hochrechteckige Öffnungen auf, deren Proportionen sich aus der Stahlbetonkonstruktion ergeben. Ähnlich wie bei den Wohnhäusern in der Neustift- und Döblergasse beschränkt sich der Dekor auf schmale blaue Glasstreifen und Aluminiumnägel, die die Kanten säumen und das erste Obergeschoß akzentuieren. Das Mosaik über dem exzentrischen Eingang (Perseus mit dem Medusenhaupt) wurde von Kolo Moser entworfen und von der Wiener Mosaikwerkstätte Leopold Forstner ausgeführt.

14, Linzer Straße 375
VILLA VOJCSIK

Der Auftrag für den Bau dieser 1900/01 errichteten Villa war von Otto Wagner an seinen damals 22jährigen Schüler Otto Schönthal weitergegeben worden. Ein vierachsiger, überhöhter, durch ein auffälliges Baldachindach betonter Mitteltrakt wird von schmalen, scheinbar dachlosen einachsigen Seitenrisaliten flankiert. Im Erdgeschoß ungewöhnlich geformte Öffnungen, die sich aus Überschneidungen von Kreisbögen und prismatischen Mauerpfeilern ergeben. Ebenso eigenwillig ist die Ornamentik aus kubischen Metallkörpern, polychromen, reliefierten Fliesen, Lorbeerkränzen und

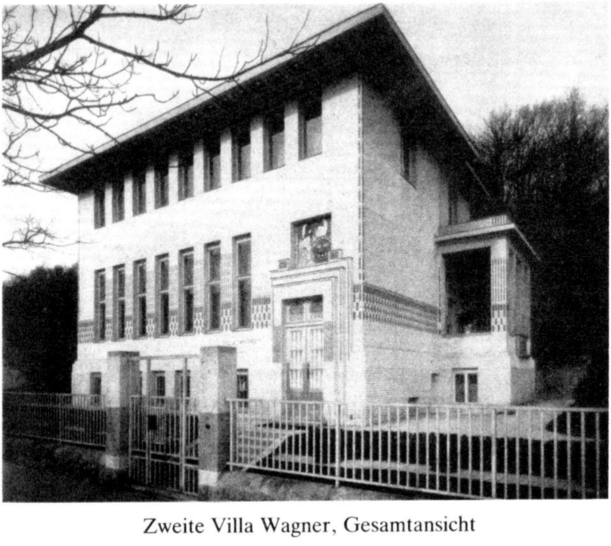

Zweite Villa Wagner, Gesamtansicht

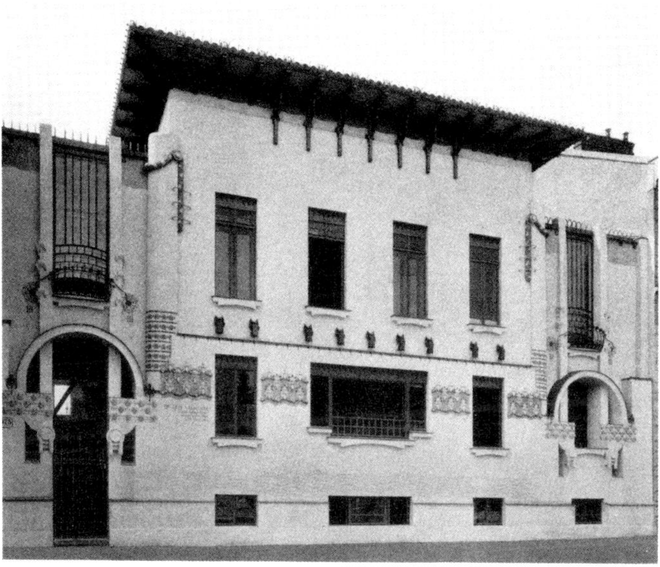

Linzer Straße 375, Villa Vojcsik, Straßenfassade

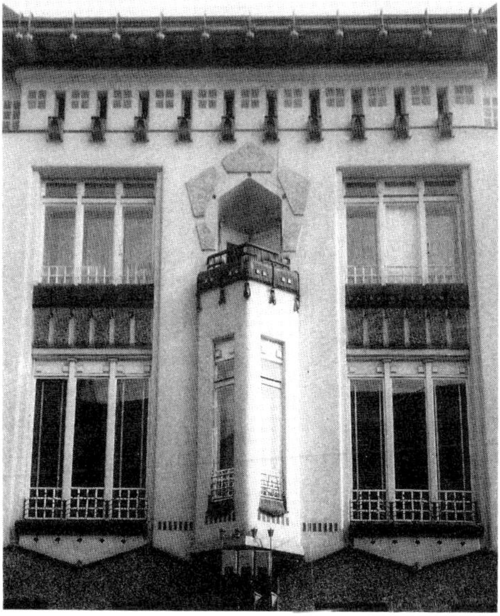

Penzinger Straße 40, Straßenfassade

Festons. Das Haus ist eines der wenigen verwirklichten Beispiele der für ihre kühnen Entwürfe berühmten Wagnerschule der Zeit um 1900.

14, Penzinger Straße 40
WOHNHAUS

Das villenartige, auf einer schmalen, langgestreckten Parzelle errichtete Haus ist einer der wenigen Bauten von Karl Fischl, einem hochbegabten, doch noch weitgehend unbekannten Schüler Otto Wagners, der sich bei diesem Bau möglicherweise von Werken des Belgischen Jugendstils (Blérot, Pompe, Hankar) beeinflussen ließ. Die dreigeschossige Fassade ist durch die Kombination verschieden strukturierter Putzfelder, geometrisch gruppierter Fliesen und feiner Galanteriespenglerarbeiten sehr originell dekoriert. Die Mittelachse wird durch einen Erker akzentuiert, der über einer sechseckigen, halb aus der Wand hervortretenden Metallkonstruktion errichtet wurde.

14, Salisstraße 3
MIETHAUS

Außergewöhnlich an diesem 1904 von Otto Prutscher gestalteten Miethaus ist vor allem die originelle Einbindung der Architekturplastik. Über den Fenstern des letzten Obergeschosses sind die Wandpfeiler mit den Fassadenflächen durch ein differenziertes, horizontal strukturiertes Reliefband mit der Fassadenfläche verflochten, diese öffnet sich unvermittelt über zwei der Wandpfeiler, dahinter werden bis zu den Knien in der Mauer steckende Atlanten sichtbar, die den überhöhten mittleren Teil des Kranzgesimses hochstemmen.

14, Teybergasse 8
WOHNHAUS

Das 1904 von Oskar Laske erbaute Haus zeigt eine ständerbauartige Gliederung mit sparsamem Rosendekor, der auch die hölzerne Eingangstür ziert.

14, Teybergasse 12
MIETHAUS

Um 1905 nach Plänen von August Belohlavek errichteter Bau. Regelmäßige, mit seitlichen Erkern gegliederte Putzfassade, von asymmetrischem malerisch gestaltetem Mansarddach bekrönt. Rundbogentor mit elegantem kurvilinearem Holz-Glas-Portal. Im Vestibül Kunststeinbalustrade in verfremdeten Barockformen, S-förmig geschwungener Treppenaufgang mit Jugendstil-Schmiedeeisengeländer.

15. BEZIRK

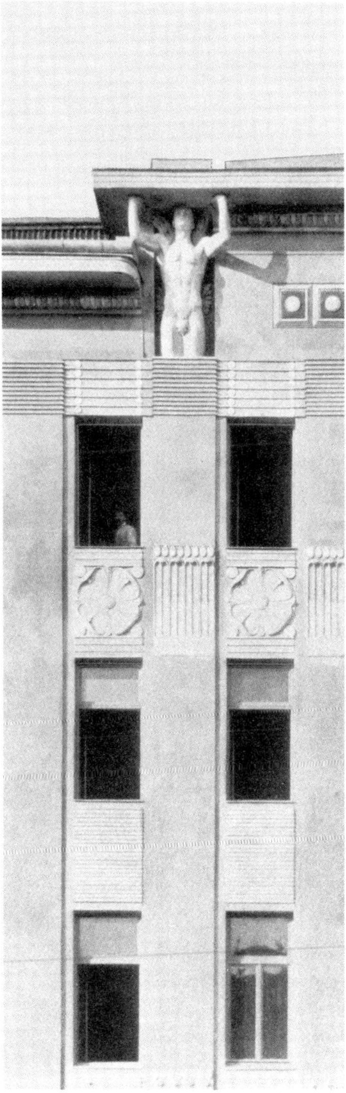

Salisstraße 3, Fassadendetail

15, Fenzlgasse 24
(= Sturzgasse 3)
WOHNHAUS

Fünfgeschossiges Eckhaus mit bescheidenen Wohnungen, aber reicher, auffallender Fassadengliederung: differenzierte Putzstrukturen, bunter Fliesendekor, Metallornamentik. Typischer „Baumeisterjugendstil“.

15, Herklotzgasse 18
MIETHAUS

Bei dem um 1910 entstandenen viergeschossigen Wohnbau beeindrucken vor allem die textilhaft wirkende, teilweise vergoldete Putzstruktur an der abgerundeten Ecke und die ungewöhnlichen Balkongitter mit augenartigen Motiven.

15, Kriemhildplatz
→ 15, Vogelweidplatz

15, Mariahilfer Gürtel 1
(= Sechshauser Straße 2)
MIETHAUS

Bei dem vor 1901 von Ludwig Seiz errichteten großen Eckzinshaus zeigen die Fassaden z. T. ähnliche Motive wie das berühmte Majolika-Haus von Otto Wagner (6, Linke Wienzeile 38). Das weitausladende Kranzgesims ist mit feinem Metalldekor bereichert.

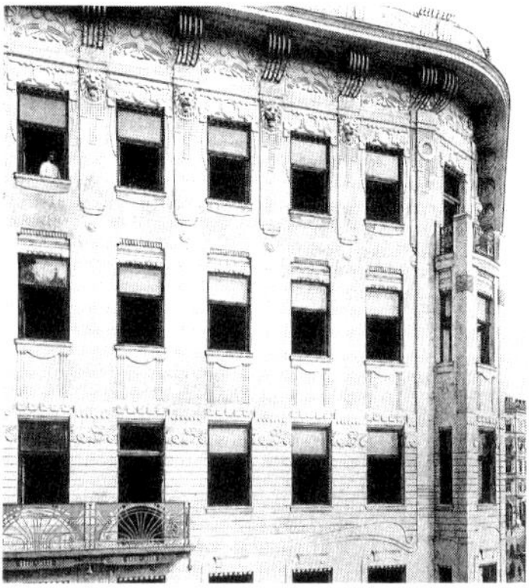

Mariahilfer Gürtel 1

15, Sechshauser Straße 32
(= Kranzgasse 1)
WOHNHAUS

Reich gegliedertes Eckzinshaus von 1903 (Datierung in römischen Ziffern mehrfach in die Ornamentik einbezogen). Der starke Einfluß Otto Wagners wird an der Gestaltung der Ecklösung, aber auch des Portals (→ 6, Köstlergasse 1) deutlich.

15, Sechshauser Straße 124 – 130
MIETHÄUSER

Das in repräsentativen Heimatstilformen gestaltete Miethausensemble entstand um 1905 nach Plänen des Ateliers Oberländer-Krauss.

15, Vogelweidplatz
ENSEMBLE

Der Vogelweidplatz weist die anspruchsvollste Verbauung innerhalb des nach den Straßennamen „Nibelungenviertel" genannten Gebietes auf. Es handelt sich um einen städtebaulich großzügig geplanten Bereich, dessen Mittelpunkt die Kreuzung des pappelbestandenen Kriemhildplatzes mit der Doppelallee der Markgraf-Rüdiger-Straße bildet. Die um 1910 errichteten, teils gutbürgerlichen Zinshäuser haben reizvolle Entrees. (Die Bauten Kriemhildplatz 1 und 10 stammen von Max Hegele.)

16. BEZIRK

16, Heigerleinstraße 74
SCHOKOLADEFABRIK

Bei dem 1904/05 im Auftrag der Firma Meinl von Max Kropf (von dem auch das Meinlhaus 1, Fleischmarkt 7 stammt) errichteten viergeschossigen kubisch wirkenden Fabriksgebäude ist die reizvolle geometrisierende weiß-blau-schwarze Fliesenverkleidung noch an der Fassade in der Heigerleinstraße erhalten.

16, Herbststraße 82
HL.-GEIST-KIRCHE

Revolutionärer, 1908 bis 1913 in Eisenbeton errichteter Sakralbau von Josef Plečnik. Die schlichte Fassade wurde in Form einer stilisierten Tempelfront mit Waschbetonpfeilern und Ziegelausfachungen ausgeführt. Sie sollte nach dem ursprünglichen Konzept durch einen „venezianischen" Campanile ergänzt werden. Das Kircheninnere ist als klar gegliederter basilikaler Einraum mit hängenden Emporen konzipiert, wodurch von allen Seiten ein freier Blick auf den Altar ermöglicht wurde. Der Hauptaltar, der nicht die Billigung Plečniks fand, wurde von Architekt Adolf Otto Holub entworfen, der sich dabei deutlich an der Altarwand der Steinhof-Kirche orientierte. Die dreischiffige Krypta, deren Unterzüge von dünnen Betonpfeilern getragen werden, sollte nach Plečniks Vorstellung eine polychrome, ornamentale Dekoration erhalten.

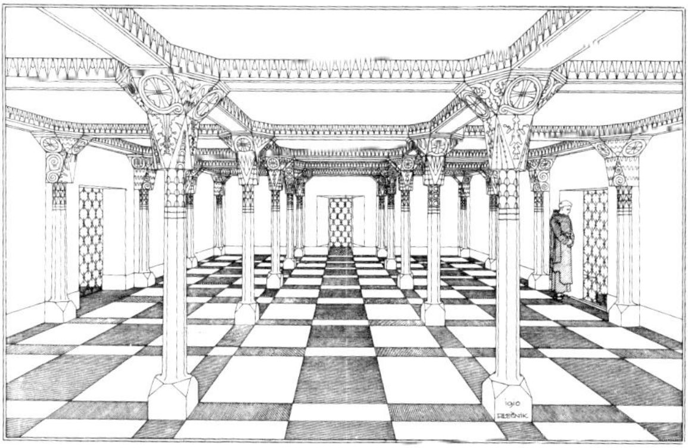

Hl.-Geist-Kirche, Entwurfsperspektive der Krypta

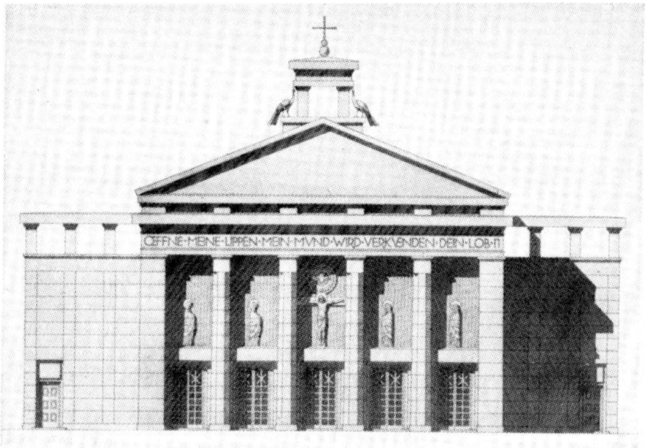

Hl.-Geist-Kirche, Aufriß der Hauptfassade

16, Maroltingergasse 54
GESCHÄFTSHAUS

Das Geschäftshaus der Fa. Ullwer & Bednar entstand 1912 nach Plänen von Hans Prutscher.

16, Montleartstraße 37
WILHELMINENSPITAL, PAVILLON 24

Das Gebäude der sogenannten Lupusheilstätte wurde 1910 bis 1913 von Otto Wagner errichtet und zählt zu seinen letzten Werken. Die an der Hauptfront symmetrisch um einen Ehrenhof gruppierte Anlage zeigt eine interessante Gliederung: Traditionelle Elemente wie Rustika, Ortsteinbänderung und Pilasterordnung werden abgekürzt und fast abstrakt durch Riefelputzfelder, Streifen- und Bordürenornamentik aus blauen Glasplättchen angedeutet.

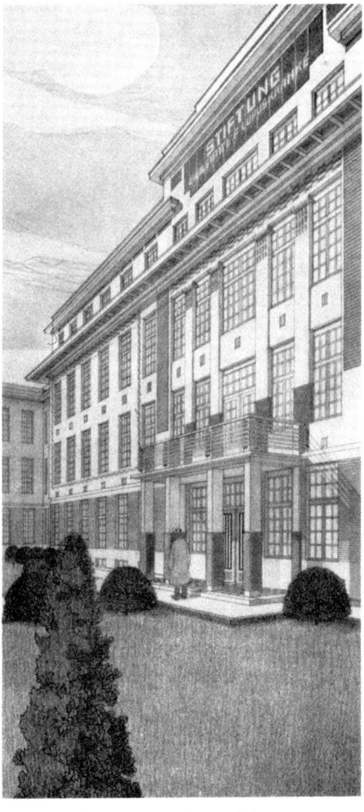

Wilhelminenspital, Pav. 24

17. BEZIRK

17, Jörger Straße 42 – 44
JÖRGERBAD

Errichtet 1912 – 1914. Die Gliederung der mit hohen Giebeln akzentuierten Fronten typisch für die zu dieser Zeit teilweise stark vom Heimatstil geprägte Architektur des Wiener Stadtbauamtes. In dem mit grünen Fliesen verkleideten Vestibül Wandmalereien von Oskar Laske. Stiegenhäuser mit bunten Glasfenstern (Schwimmhalle modernisiert).

17, Redtenbachergasse 81
WOHNHAUS

Reizvolle Fassadengestaltung durch differenzierte, geschichtete Putzstrukturen und ungewöhnliche Fensterbekrönungen. Reich dekorierter Dachaufsatz über dem Mittelrisalt.

17, Rosensteingasse 73
MIETHAUS

1909/10 von der Architektengemeinschaft Emil Hoppe, Marcel Kammerer und Otto Schönthal errichteter Wohnbau. Die Seitenachsen durch reiches Dekor im Stil der Wiener Werkstätte hervorgehoben. Eigenwillige Gestaltung des scheinbar in kannelierten Rundpfeilern aufgelösten Erdgeschosses. Über Portal „vorgehängte" Supraportplatte mit Spiralornamentik.

17, Rosensteingasse 79
HÖHERE BUNDES-LEHR- UND VERSUCHSANSTALT FÜR CHEMISCHE INDUSTRIE

Die 1909 nach Plänen von Julius und Wunibald Deininger errichtete, aus mehreren symmetrisch gruppierten Trakten bestehende Anlage zählt zu den bedeutendsten Schulbauten der Wiener Secession. Dreigeschossige Hauptfassade mit rückspringenden, niedrigeren Seitenrisalten. Portal mit ornamentalem Bronze-Gitter. Im Inneren haben sich zahlreiche Details der ursprünglichen Ausstattung erhalten. Bemerkenswert das helle, großzügig dimensionierte zentrale Stiegenhaus.

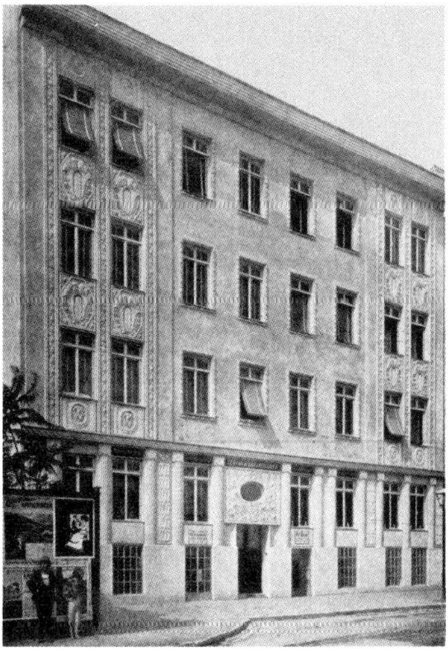

Rosensteingasse 73

■ ■ 18. BEZIRK ■ ■

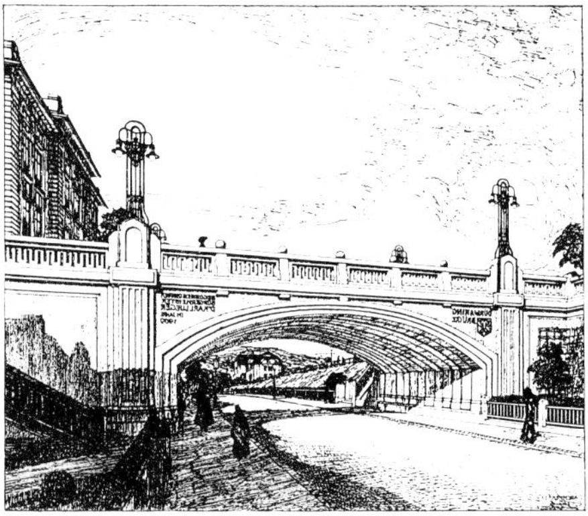

Dürwaringbrücke, Perspektive

18, DÜRWARINGBRÜCKE

Die gut in das Cottage-Ambiente eingefügte und aber auch die großräumige landschaftliche Situation berücksichtigende Betonbogenbrücke über die Scheibenbergstraße wurde um 1910 von Franz von Krauss projektiert.

18, Hans-Sachs-Gasse 17
WOHNHAUS

Die durch Gesimse und geriefelte Putzfelder stark horizontalisierend gegliederte Fassade dieses um 1905 von Hans Dwořak errichteten Miethauses wird durch zwei realistisch gestaltete Adler-Skulpturen bereichert.

18, Klostergasse 31 (= Schulgasse 88)
WOHNHAUS

Die Fassaden des 1906 von Karl Holzer errichteten Eckhauses sind in den oberen Geschossen mit grünen Fliesen verkleidet, die mit der teils rauh strukturierten, teils textilhaft ornamentierten Putzoberfläche kontrastieren. Markant wirkt auch die tief gesetzte abgerundete Ecke.

18, Klostergasse 37 (= Währinger Straße 151)
MIETHAUS

Um 1910 von Hans Dwořak errichtetes Wohnhaus, horizontalisierende Gliederung durch Nutzung und vegetabile Dekorstreifen. Im Vestibül über Marmor-und Granitverkleidung polychromer Rankenfries.

18, Lacknergasse 98
VEREINSGEBÄUDE

1907 nach Plänen Josef Plečniks für den katholischen Verein „Kinderschutzstationen" errichtet. Den Auftrag hatte Johann Evangelist Zacherl, ein Mitbegründer des Vereins, vermittelt. Fassadengliederung durch stilisierte ionische Pilaster und graphische, schwarz-weiße Ornamentik.

18, Plenergasse 24
MIETHAUS

Das elegante bürgerliche Wohnhaus entstand 1912 nach Plänen der Wagner-Schüler Emil Hoppe, Marcel Kammerer und Otto Schönthal. Die Fassade, bei der der Dekor fast ausschließlich in der Sockelzone konzentriert ist (Eingangsbereich mit Glockenblumenornamentik), wird in den Obergeschossen durch profilierte Sohlbankgesimse stark horizontalisierend gegliedert. Als Ausgleich wirken die von dichtversproßten Bow-windows ausgebildeten Seitenachsen, deren originale Verglasung mit bombierten Scheiben noch größtenteils erhalten ist.

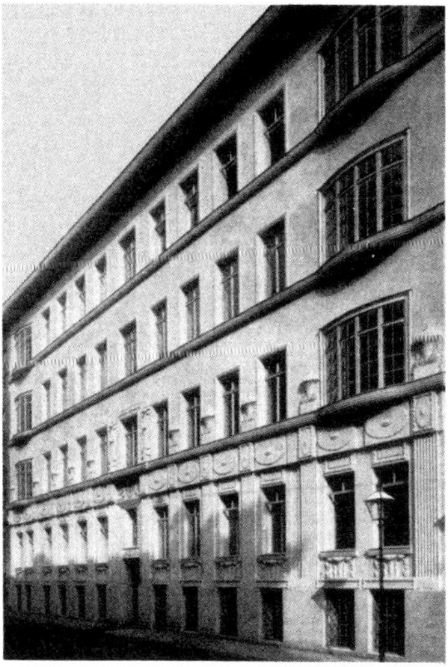

Plenergasse 24

18, Pötzleinsdorfer Straße 144
VILLA

Der von einem hohen Satteldach abgeschlossene Villenbau, der nach dem ursprünglichen Konzept stark von Efeu überwachsen werden sollte, ist in fast allen Details der betont malerischen künstlerischen Gestaltung (Josef Hackhofer, um 1905) überliefert.

18, Sternwartestraße 62 – 64
VILLA SCHMUTZER

Bauherr der landhausartig gestalteten Villa (Robert Oerley 1910) war der bekannte Radierer Ferdinand Schmutzer, auf dessen Wunsch seine Sammlung alter Schmiedeeisengitter in den Neubau zu integrieren war. Die reizvollen Kamine des hohen Mansarddaches wurden nach alten Vorbildern aus dem Wachauer Raum entworfen.

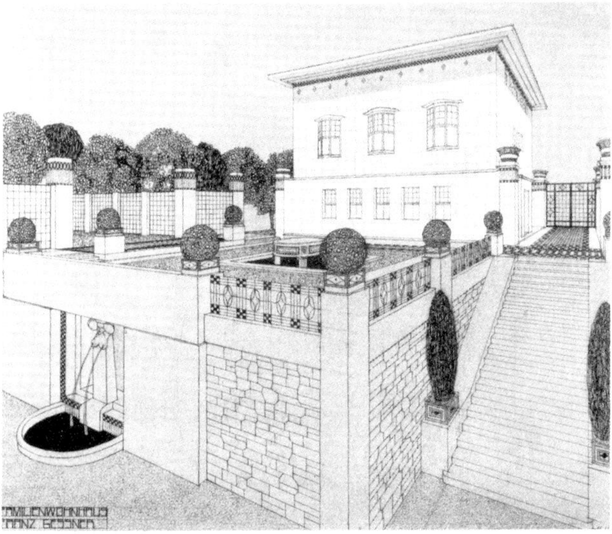

Sternwartestraße 70, Villa Gessner, Entwurfperspektive

18, Sternwartestraße 70
VILLA GESSNER

Die 1907 von Hubert und Franz Gessner erbaute Cottage-Villa zeigt deutlich den Stil der Wagner-Schule. Die symmetrische, im Obergeschoß in Baywindows geöffnete Fassade ist mit zartem geometrischem Mosaikdekor verziert. Der elegante, klar und wohl proportioniert gegliederte Villenbau zählt zu den bedeutendsten Frühwerken des Brüderpaares.

18, Türkenschanzstraße 23
VILLA PAULICK

Bei dem 1907 errichteten, durch ein hohes Mansarddach und vertikale Fachwerkgliederung des Giebels charakterisierten Bau schloß Robert Oerley bewußt an die Traditionen der Cottage-Villen-Architektur an.

18, Währinger Straße 125
(= Teschnergasse 39 – 41)
COTTAGE-HOF

Das imposante Großmiethaus wurde in den Jahren 1902/03 von Hans Dwořak für Paul Dumont errichtet. Auch bei diesem Haus finden sich die für Dwořak typischen Masken und die flachen, polygonal vorspringenden Erker, die hier von Glasdächern abgeschlossen werden. Repräsentative Vestibüle.

19. BEZIRK

19, Armbrustergasse 22
WOHNHAUS

1905 von Josef Hoffmann für Margarete Legler errichtetes Wohnhaus mit betont einfacher Fassadengestaltung.

19, Blaasstraße 8
HAUS MANDL

Die 1895 errichtete Cottage-Villa wurde 1916 nach Plänen von Adolf Loos erweitert und umgestaltet.

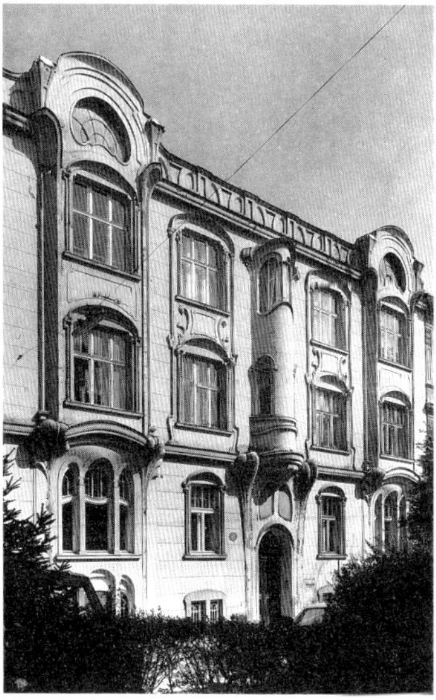

Gebhardtgasse 13

19, Gebhardtgasse 13
WOHNHAUS

Errichtet 1905 von Ferdinand Fellner (III). Die Fassade ist deutlich von der Architektur Victor Hortas beeinflußt, in dessen Brüsseler Atelier der Sohn des bekannten Theater-Architekten während eines mehrjährigen Auslandsaufenthaltes gearbeitet hatte. Das Haus ist eines der seltenen Beispiele reiner Art nouveau-Architektur in Wien.

19, Grinzinger Allee 50 – 52
VILLA LEMBERGER

Der für zwei Familien konzipierte Villenbau entstand 1914 als einziges Wiener Werk des bedeutenden Architekten Jan Kotera, der von 1894 bis 1897 Schüler und Mitarbeiter Otto Wagners war und als Begründer der modernen Architektur in der Tschechoslowakei gilt. Die Anlage ist straßenseitig in einen Ehrenhof geöffnet, dessen rechter Flügel aus einer verglasten ebenerdigen Pergola besteht. Hinter der Eingangsfront befindet sich der eigentliche Wohntrakt, der um einen kleinen Hof gruppiert ist. Die im Prinzip traditionelle, aber verformte und verfremdete Pilastergliederung der unteren Geschosse kontra-

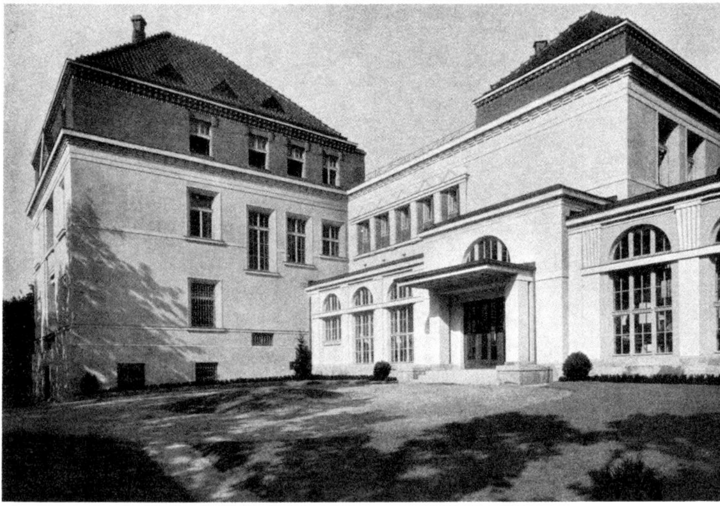

Grinzinger Allee 50–52, Villa Lemberger, Hofansicht

stiert mit der ornamentalen, ockergelben Klinkerverkleidung des obersten Stockwerkes.

19, Hackenberggasse 130
UNTERIRDISCHER WASSERBEHÄLTER

Das 1908 bis 1910 vom Wiener Stadtbauamt (Eduard Bodenseher, Ludwig Machek) errichtete Reservoir der Zweiten Wiener Hochquellenleitung tritt überirdisch durch das Entnahmebauwerk, dem ein großes Zierbecken vorgelagert ist, in Erscheinung. „Der Baukörper hat, abgesehen von der Schiebekammer, die in der Mittelachse vor dem unterirdischen Behälter liegt, für den technischen Betrieb keine Funktion, er ist reine Architektur" (Wehdorn) und steht als solche, aber auch in formaler Hinsicht letztlich noch in der Tradition repräsentativer Lustgebäude in barocken Gartenanlagen.

19, Hardtgasse 27 – 29
HAUS LEOPOLD GOLDMANN

Der U-förmig um einen Straßenhof angeordnete Wohnbau wurde 1909 bis 1911 – gleichzeitig wie das Michaelerhaus – von Adolf Loos umgestaltet. Der niedrigere Mittelteil, der sich statt in Fenstern in großen querrechteckigen Loggien öffnet, ist durch ein säulengeschmücktes Rundbogenportal hervorgehoben. Auch der Garten (mit Tennisplatz, Kegelbahn und Glashaus) war ursprünglich nach Plänen von Loos angelegt.

19, Heiligenstädter Straße 17
MIETHAUS

Auch dieses von Hans Dwořak errichtete Haus zeigt das „Markenzeichen" dieses Architekten: vollplastische Frauenköpfe im letzten Obergeschoß.

19, Himmelstraße 26
VILLA HALBMAYR

Die herrschaftliche Villenanlage wurde 1908 nach Plänen von Leopold Bauer errichtet. Reizvoll der Kontrast zwischen der rauhen Oberfläche des Natursteinsockels und der Oberfläche des die Säulenvorhalle bekrönenden Giebels, der ornamental mit reliefierten hellen irisierenden Fliesen verkleidet ist. Flacher runder Dachaufbau über dem Stiegenhaus. Im Garten Steinskulpturen und klassizierender Tempietto, imposantes Schmiedeeisenportal.

19, Himmelstraße 30
MALERAKADEMIE

Das Gebäude der Malerschule Delug wurde 1911 von Friedrich Ohmann für den Südtiroler Maler Alois Delug (Lehrer an der Wiener Kunstakademie) errichtet; palaisartig gestalteter Betonbau mit weit vorspringendem überkuppeltem Mittelrisalit. Das hohe Mansarddach und die Gartenfront sind in großflächigen Atelierfenstern geöffnet.

19, Kaasgrabenstraße 30 – 38 (= Suttingergasse 12 – 18)
VILLENKOLONIE KAASGRABEN

Die Villenkolonie Kaasgraben wurde 1912 bis 1914 auf Initiative der engagierten Frauenrechtlerin Yella Hertzka von Josef Hoffmann für Künstler und ihre Familien errichtet. Hier wohnten unter anderen der

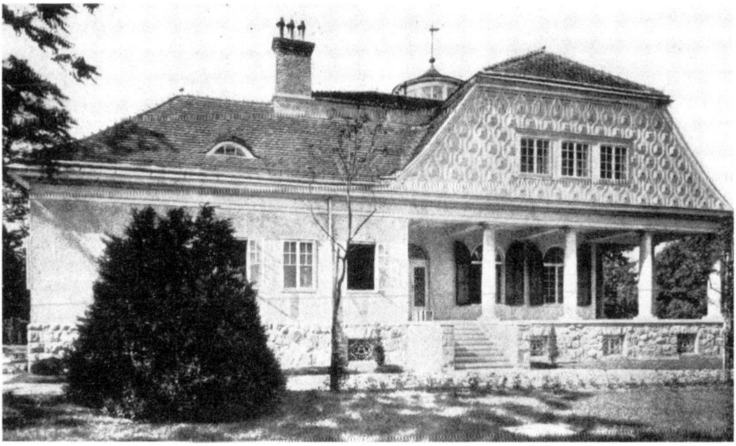

Himmelstraße 26, Villa Halbmayr

Komponist Egon Wellesz und der Dichter Robert Michel. Die zweigeschossigen Bauten der locker um eine Grünfläche gruppierten Siedlung zeichnen sich durch gute Proportionierung bei betonter Einfachheit der Gestaltung aus. Charakeristisch sind die großen, vielfach geteilten Fenster, das breite Kranzgesims und die hohen Dreieckgiebel der Dachgaupen. Bei Bauten wie diesen wird der Rückgriff auf die Biedermeiertradition deutlich.

19, Kreindlgasse 11
VILLA

Die 1907 errichtete Villa ist ein Werk von Rudolf Höllerl. Die zweigeschossige Straßenfassade öffnet sich zwischen abgerundeten Wandpfeilern in durchgehenden Bay-windows.

19, Lannerstraße 14
VILLA

1905, ein Jahr nach der benachbarten Mietvilla Lannerstraße 18 (= Weimarer Straße 98) entstandenes Einfamilienhaus von Robert Oerley. Relativ kleiner, trotz der plastischen Gestaltung kubisch wirkender Baukörper. Über dem straßenseitig mit Erkern gegliederten Erdgeschoß vorspringendes Stockwerk (Fensterteilung und Putzoberfläche heute verändert). Das hohe Pyramidendach von durchfenstertem Aufsatz und vier Rauchfängen bekrönt.

19, Nußdorfer Lände
WEHR- UND SCHLEUSEN-ANLAGE NUSSDORF

Im Zuge der gleichzeitig mit dem Stadtbahnbau und der Wienflußregulierung durchgeführten Donaukanalregulierung sollten als Hochwasserschutz und zur Erleichterung der Schiffahrt bei Niedrigwasser nach dem ursprünglichen Konzept vier Staustufen errichtet werden, von denen jedoch nur das Nadelwehr in Nußdorf und die Staustufe Kaiserbad (→2, Obere Donaustraße 56, „Schützenhaus") verwirklicht wurden. Zentrum der 1894 bis 1898 nach Plänen von Otto Wagner errichteten Anlage in Nußdorf ist das eigentliche, heute etwas veränderte Stauwehr, das als eine Art triumphales Portal für die in die Stadt führende Wasserstraße gestaltet wurde. Die Bronzelöwen wurden von Rudolf Weyr ausgeführt. Daneben entstanden ein zweigeschossiges Verwaltungsgebäude mit einer Beobachtungsstation als Dachaufsatz sowie ein ebenerdiges Kettendepot. Großzügige Stiegenanlagen verbinden die verschiedenen Niveaus.

19, Silbergasse 35
KARMELITERKIRCHE

Altar und Ausstattung der Johannes-Kapelle entstanden 1912 bis 1914 im Auftrag Johann Zacherls nach Entwürfen

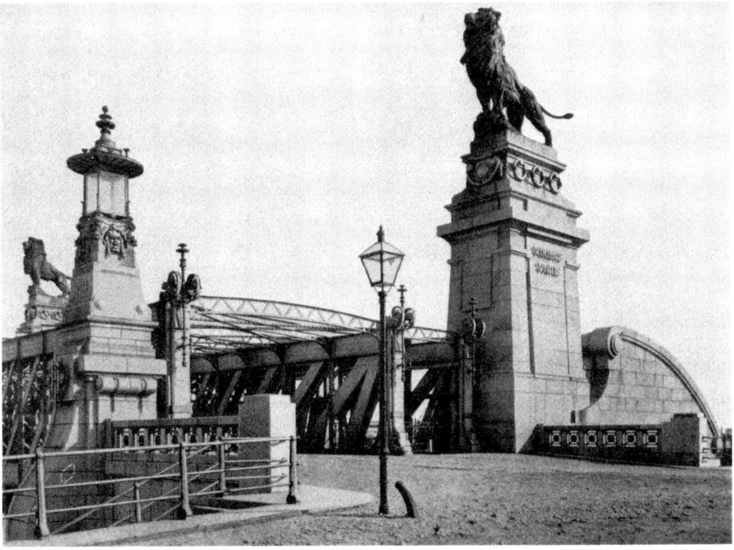

Wehr- und Schleusenanlage Nußdorf, ursprünglicher Zustand

von Josef Plečnik (Malereien von Willibrord Verkade); auf Plečnik geht auch die Gestaltung der Apsis der gegenüberliegenden Theresien-Kapelle zurück.

19, Springsiedelgasse 28
HAUS BERNATZIK

1912/13 von Josef Hoffmann errichteter Villenbau. Der an der Ostseite um einen turmartigen Vorbau erweiterte kubische Baukörper wird von einem Pyramidendach abgeschlossen. Das Stockwerk zeigt eine flache Kannelierung, darüber das für Josef Hoffmann typische reich profilierte Kranzgesims.

19, Steinfeldgasse 2 (= Wollergasse 12)
HAUS AST

Das 1909 bis 1911 von Josef Hoffmann für den Bauindustriellen Eduard Ast errichtete Wohnhaus entstand als letzter der von Josef Hoffmann geplanten Villenbauten auf der Hohen Warte. Die Fassaden des großen geschlossenen Baukörpers zeigen eine für Hoffmanns Schaffen in dieser Epoche typische Gliederung: Die Wandflächen werden durch eine aus der klassischen Säulenordnung entwickelte Kannelierung belebt und von einem schweren, vielfach profilierten Kranzgesims abgeschlossen. Die Fenster des Obergeschosses sind im Sturz durch plastische Festons geschmückt.

19, Steinfeldgasse 4
HAUS SPITZER

Das 1901/02 von Josef Hoffmann für Dr. Friedrich Spitzer errichtete Wohnhaus ist ein Teil der „Villenkolonie Hohe Warte", die zunächst aus vier Objekten bestand und später erweitert wurde. Der Auftrag für dieses Projekt war ursprünglich Olbrich erteilt und nach dessen Abberufung nach Darmstadt 1899 Hoffmann übertragen worden. Charakteristisch für diese frühen Werke Hoffmanns ist die starke Gliederung der Baukörper und die Ausbildung der Obergeschosse in orthogonalem Fachwerk, wobei Elemente der „Heimatkunst" bzw. der englischen Arts-and-Crafts-Bewegung anklingen.

19, Steinfeldgasse 6 – 8
(= Geweygasse 13)
HAUS MOSER-MOLL

Die Doppelvilla wurde 1901 von Josef Hoffmann für die bekannten Jugendstilkünstler Kolo Moser und Carl Moll errichtet. Der heute etwas veränderte Bau war mit seinem Fachwerkmauerwerk und den spitzen Dächern ähnlich gestaltet wie das Nachbarhaus Steinfeldgasse 4.

19, Vegagasse 19
WOHNHAUS

Die Fassade der 1906 von Robert Oerley errichteten Doppelvilla

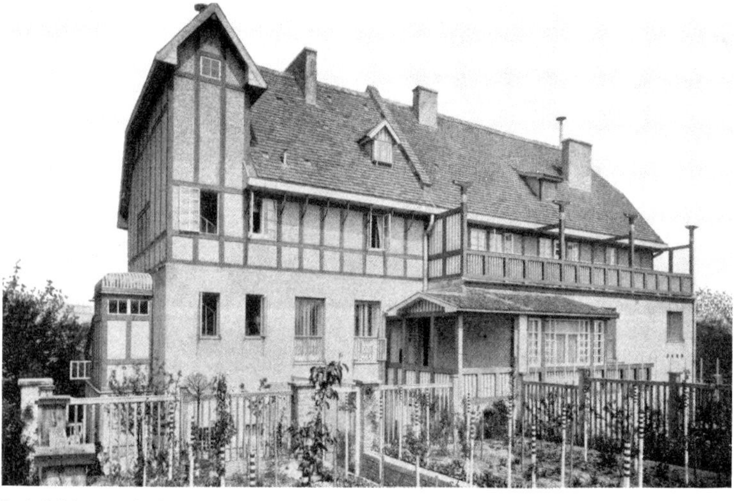

Steinfeldgasse 6–8, Haus Moser-Moll

wird durch einen orthogonalen Raster aus schmalen braunen Fliesen gegliedert. Reizvoll der Kontrast zwischen den über Eck vorspringenden Seitenrisaliten und dem darüber sanft vorschwingenden Kranzgesims.

19, Weimarer Straße 87
HAUS DUSCHNITZ

Die Cottagevilla wurde 1915/16 nach Plänen von Adolf Loos durch gestaffelte kubische Anbauten erweitert (die Aufstockung des Turmes geht auf die 40er Jahre zurück).

19, Weimarer Straße 98 (= Lannerstraße 18)
WOHNHAUS

Die 1904/05 erbaute Mietvilla ist ein frühes Werk von Robert Oerley. Die dreigeschossige Hauptfront springt an den Ecken zurück, in den dadurch entstandenen Winkeln sind niedrigere, in Fachwerkbauweise loggienartig gestaltete „Ecktürme" eingestellt, die von eigenwillig geformten, flachen Kuppeln bekrönt werden. Das keramische Relief über dem Eingang stammt von Richard Tautenhayn.

19, Wilbrandtgasse 3
VILLA

Erbaut 1914 von Josef Frank, Oskar Strnad und Oskar Wlach, die hier vielleicht von Adolf Loos beeinflußt waren (→ Haus Steiner, 13, Sankt-Veit-Gasse 10). Der ornamentlose kubische Baukörper weist bereits auf Lösungen des Internationalen Stils voraus, doch

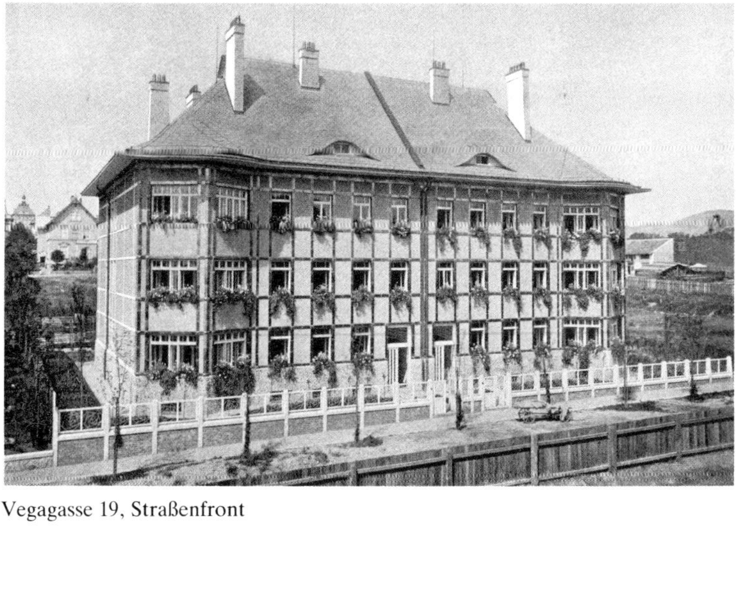

Vegagasse 19, Straßenfront

werden hier die Spuren der handwerklichen Herstellung nicht getilgt, sondern bewußt gezeigt: Unter der Kalkschlemme ist die unregelmäßige Textur des Mauerwerks spürbar.

19, Wilbrandtgasse 11
VILLA

Erbaut 1914 von Josef Frank. Ähnlich wie Nr. 3, aber durch das Walmdach und die herkömmlichen Fensterformen – trotz der asymmetrischen Aufteilung – traditionelleres Erscheinungsbild.

19, Wollergasse 10
ZWEITES HAUS MOLL

Das 1906/07 von Josef Hoffmann erbaute zweite Wohnhaus für Carl Moll – das erste hatte die Adresse Steinfeldgasse 6–8 – stellt eine Erweiterung der Villenkolonie Hohe Warte dar, die sich stilistisch von den um fünf Jahre älteren Bauten durch eine ruhigere Komposition unterscheidet. Kranzgesims und Fensterumrahmungen sind mit einer schwarz-weißen Bordürenornamentik geschmückt.

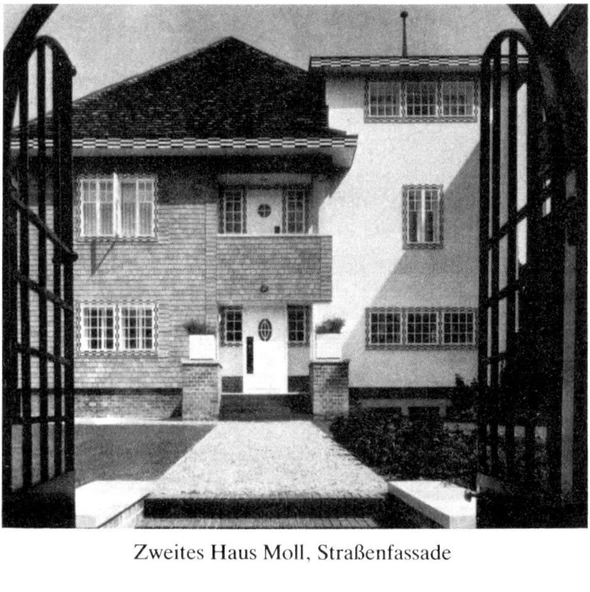

Zweites Haus Moll, Straßenfassade

■ ■ 20. und 21. BEZIRK ■ ■

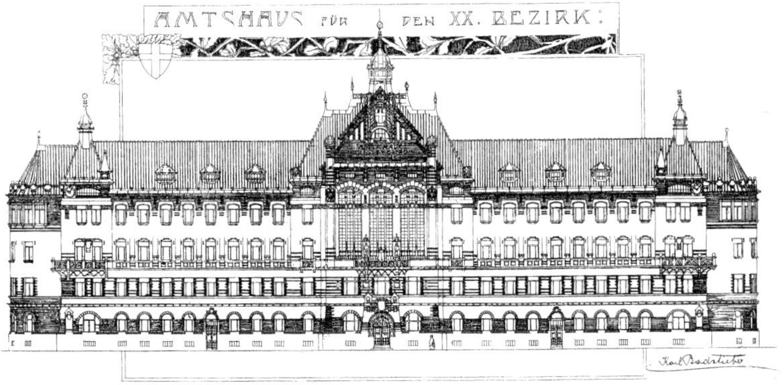

Bezirksamt für den 20. Bezirk, Aufriß

20, Brigittaplatz 10
BEZIRKSAMT

Der mächtige Bau entstand 1904 bis 1906 nach Plänen von Karl Badstieber, der teilweise Motive und Dekorformen der mittelalterlichen Baukunst abwandelte. Originell das Eingangsgitter mit stilisiertem Wappenadler in Jugendstilformen.

21, Am Spitz 1
AMTSHAUS FÜR DEN 21. BEZIRK

Bei dem 1904 nach Plänen von Anton und Josef Drexler in historistischen Formen errichteten monumentalen Rathausbau zeigt die originelle Bauplastik secessionistische Züge.

21, Am Spitz 13
GESCHÄFTSHAUS

Das 1908 errichtete Geschäftshaus der Fa. Conrad Sild zeichnet sich durch die künstlerische Gestaltung der Attikazone aus, die auf die weltumspannende Handelstätigkeit der Firma hinweisen sollte.

21, Kinzerplatz
PFARRKIRCHE ST. LEOPOLD
Donaustadt

Der mächtige neugotische Backsteinbau mit hohem Fassadenturm wurde ab 1905 von Josef Schmalzhofer nach Entwürfen Franz von Neumanns ausgeführt (Einweihung 1914). Im dreischiffigen netzrippengewölbten Innenraum spätsecessionistische Ausstattung: Hochaltar und Tabernakel von Edmund Klotz, Kanzel, Kreuzwegstationen und rechter Seitenaltar von Alexander Illitsch, linker Seitenaltar von Arthur Kaan. Bemerkenswerte Arbeiten sind auch die figural geschmückten Hängeleuchten. Das Pfarrhaus 21, Kinzerplatz 19, mit konkav geschwungener Fassade und Erkergliederung stammt ebenfalls von Franz von Neumann.

21, Leopoldauer Platz 7
WOHNHAUS

Ebenerdiger, um 1905 errichteter Bau, im Giebel über dem Portal Putzrelief mit Gänsedarstellungen.

21, Leopoldauer Platz 93
GASTHOF BAUMANN

Der vom Floridsdorfer Stadtbaumeister Friedrich Dietz von Weidenberg 1903 errichtete, von

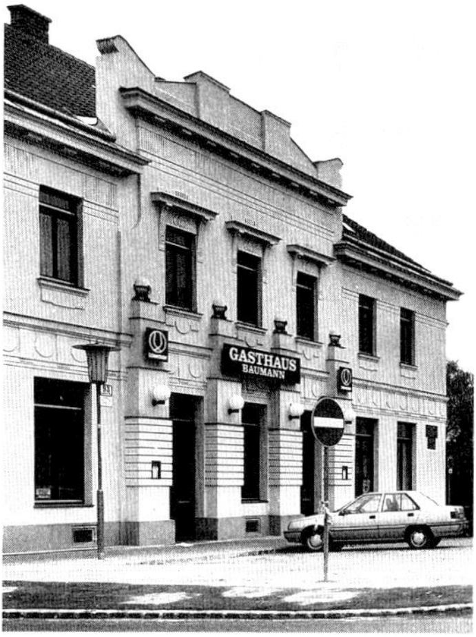

Leopoldauer Platz 93

Otto Wagners Stadtbahnarchitektur beeinflußte Bau entstand als repräsentativer Abschluß des Leopoldauer Platzes, dessen Bausubstanz zu dieser Zeit zu einem großen Teil erneuert oder ausgewechselt wurde.

■ ■ STADTBAHN ■ ■

STADTBAHN

Nachdem 1892 die gesetzlichen Grundlagen für den Bau der Wiener Stadtbahn – der gemeinsam mit der Wienfluß- und Donaukanalregulierung durchgeführt werden sollte – geschaffen waren, wurde Otto Wagner 1894 vom Künstlerhaus als ästhetischer Beirat in die Verkehrskommission delegiert. Nach einem Vertrag mit dem Bauherrn, der K. k. Generaldirektion der österreichischen Staatsbahnen, war er für die Gestaltung sämtlicher Verkehrsbauwerke und Stationen bis zur Beleuchtung und Möblierung verantwortlich. Als Materialien wählte man Putzbau für die Stationen und Ziegelrohbau mit Steingliederung für die Viadukte. Die Pfeiler der eisernen Brücken waren aus Granitquadern herzustellen. Wagner unterhielt für dieses riesenhafte Projekt, das in kürzester Zeit abgeschlossen werden sollte, ein großes Atelier mit etwa 70 Mitarbeitern. Neben dem Chefzeichner und Atelierleiter Josef Maria Olbrich wirkten prominente Mitarbeiter und Schüler, wie Max Fabiani, Josef Hoffmann und Josef Plečnik, mit. Der Anteil der einzelnen Architekten an der künstlerischen Gestaltung der Bauwerke ist bis heute

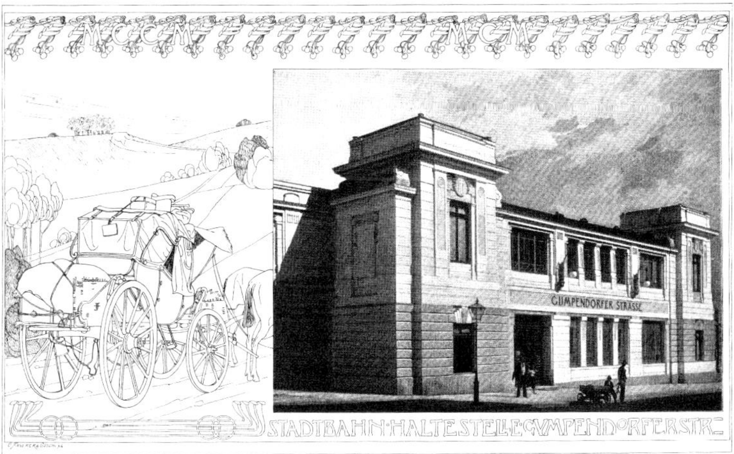

Hochbahnstation Gumpendorfer Straße, Präsentationsblatt

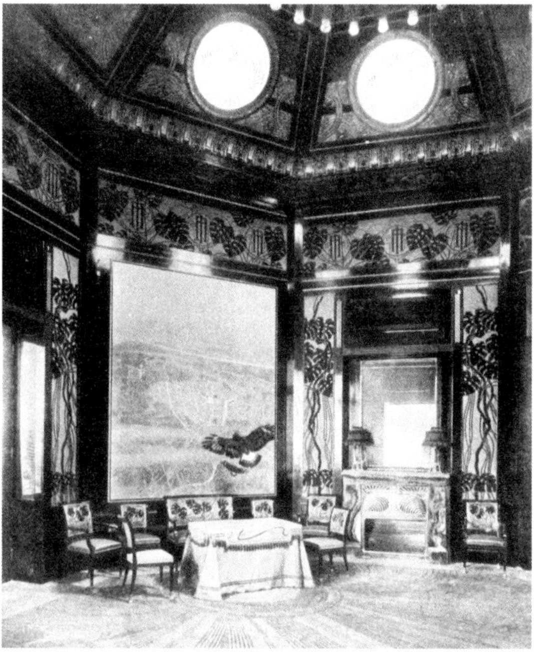

Hofpavillon, zentraler Innenraum im ursprünglichen Zustand

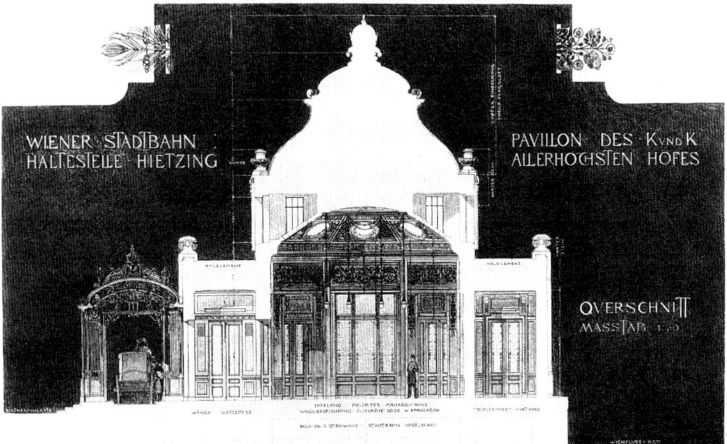

Hofpavillon, Schnitt

nicht geklärt. Die Arbeiten begannen 1895 und waren 1901 abgeschlossen. Bei einer Gesamtstreckenlänge von ca. 80 Kilometern wurde ein Netz von vier Linien angelegt: Die auch für den Güterverkehr bestimmte Vorortelinie Heiligenstadt – Penzing (1895 – 1898), die vor kurzem revitalisiert als S 45 wiedereröffnet wurde; die Donaukanal-Wiental-Linie Heiligenstadt – Hütteldorf (1895 – 1901), heute U4; die Gürtellinie von Heiligenstadt bis zur Brücke über die Zeile (1895 – 1898), die als U6 bei der neuen Station Längenfeldgasse in die U4 einmünden wird; sowie eine Linie in den zweiten Bezirk mit den Stationen Radetzkyplatz und Praterstern (1899), die später abgetragen wurden. Das teilweise stark hügelige Gelände erforderte die Anlage von Hoch-und Tiefbahnstrecken mit offenen und gedeckten Einschnitten. Dementsprechend unterscheidet man zwei Typen von Stationen: einerseits die zweigeschossigen, massig wirkenden und meist klassizistisch gegliederten Hochbahnstationen, die an der Gürtellinie im Bereich der ehemaligen Linientore angelegt wurden, so daß die mächtigen Anschlußbrückenbauten die radialen Hauptverkehrsstraßen überspannen; andererseits die wesentlich kleineren Tiefbahnstationen, die eigentlich nur

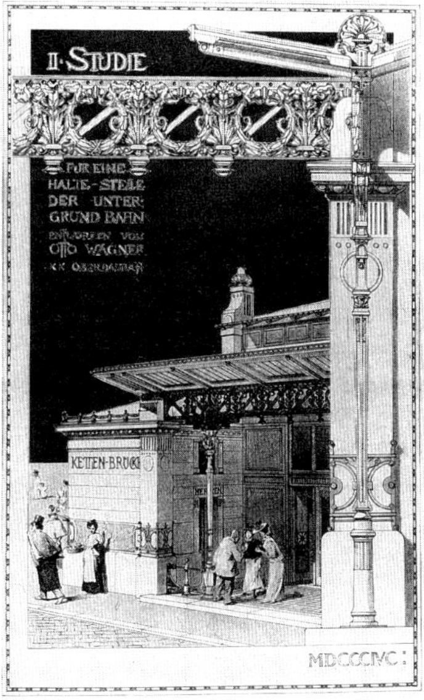

Tiefbahnstation Kettenbrückengasse

Torbauten für die Stiegenanlagen sind, die die Passagiere an die Seiten der Bahngeleise bringen. Unter den Stationen nehmen die Pavillons am Karlsplatz und der Hofpavillon beim Schloß Schönbrunn eine Sonderstellung ein: Die auf die Achse Akademiestraße – Technische Universität bezogenen Pavillons der Station Karlsplatz wurden in Skelettbauweise mit Marmorplattenausfachung errichtet. Die üppige ornamentale Dekoration, an der Olbrich, Fischl und Plečnik beteiligt waren, zeigt am deutlichsten von allen Stationsgebäuden die Beeinflussung durch den internationalen

Jugendstil. Der Kaiserpavillon, ein überkuppelter Zentralbau, für dessen äußere Gestaltung ebenfalls Olbrich verantwortlich gewesen sein dürfte, ist auch durch die außerordentlich reiche Gestaltung des oktogonalen Innenraumes mit teilweise vergoldeter Holzvertäfelung und textiler Wandbespannung bemerkenswert. Beherrschendes Motiv ist ein Ornament aus großen Philodendronblättern, das Wagner auch in den Seitenachsen des Majolikahauses anwendete. Der in vielen Details seiner künstlerischen Ausstattung (allerdings ohne das originale Mobiliar) überlieferte Pavillon wird gegenwärtig einer behutsamen Restaurierung unterzogen – dabei konnten u. a. die ersten Stufen der 1945 abgebrochenen Stiegenabgänge freigelegt und deren geschwungene Wangenmauern rekonstruiert werden. Nach Fertigstellung der Arbeiten soll das Gebäude als Museum des von Otto Wagner geplanten Wiener Stadtbahn-Systems eingerichtet und der Öffentlichkeit zugänglich gemacht werden.

Die zahlreichen Viadukte und Brückenkonstruktionen – technische Zweckbauten, die aber formal bis ins kleinste Detail durchgestaltet sind – prägen heute das Wiener Stadtbild. Die längste Brücke („Brücke über die Zeile") überquert im Zuge der Gürtellinie den Wienfluß, die Bahnlinie und den Straßenzug der Wienzeile. Durch hohe Pylonen, die die mächtigen Widerlager bekrönen, wurde eine eindrucksvolle, monumentale Wirkung erzielt. Dieses Bauwerk stellt auch eine technische Meisterleistung dar; so dient der Mittelpfeiler gleichzeitig als Widerlager für die Wienflußwölbung und die Decke der Wientallinie.

Otto Wagner schuf mit der Stadtbahn nicht nur ein hochmodernes Massenverkehrsmittel, das den Erfordernissen einer rasch wachsenden Großstadt genügen sollte, er war vielmehr – bei allem Funktionalismus – darauf bedacht, dieses System nicht nur als ein „Symptom" einer Metropole, sondern als deren bewußten, fast symbolhaften Ausdruck erscheinen zu lassen. Von den Stationsbauten sind heute noch erhalten: Alser Straße, Burggasse, Friedensbrücke, Gersthof, Gumpendorfer Straße, Hernals, Josefstädter Straße, Karlsplatz, Kettenbrückengasse, Margaretengürtel, Nußdorfer Straße, Ober-St.-Veit, Ottakring, Pilgramgasse, Roßauer Lände, Schönbrunn, Stadtpark, Währinger Straße, Hofpavillon bei Schönbrunn.

■ ■ ERGÄNZUNG PURKERSDORF ■ ■

Wiener Straße 74
SANATORIUM PURKERSDORF

Obwohl einige Meter außerhalb der Wiener Stadtgrenze gelegen, soll der Sanatoriumsbau – als eines der bedeutendsten Werke der Wiener Architektur um 1900 – doch in diesem Führer behandelt werden. Josef Hoffmann erbaute das Kurhaus (ursprünglich: „Sanatorium Westend") 1904 im Auftrag von Viktor Zuckerkandl (dem Schwager der bedeutenden Kunstkritikerin Berta Zuckerkandl).
Es handelt sich um einen dreigeschossigen, durch das Flachdach und die symmetrischen Vor- und Rücksprünge der Längsseiten kubisch wirkenden Baukörper, bei dem sämtliche Kanten, auch die Fenstergewände, mit aus blau-weißen Keramikplättchen zusammengesetzten Bordüren gewissermaßen graphisch konturiert werden, wodurch die Wände im Sinn der Forderung Otto Wagners „tafelförmig ausgebildet" und in ihrer Flächigkeit betont erscheinen. Die ganz in Weiß gehaltene, klar und präzise gestaltete Architektur wurde durch sparsam eingesetzte, die Eingänge akzentuierende Fayenceplastiken von Richard Luksch bereichert.
Die großzügig dimensionierten Innenräume, bei denen die Betonkonstruktionen der Decken teilweise sichtbar blieben, wurden von der Wiener Werkstätte nach Josef Hoffmanns Entwürfen ausgestattet, wobei der für diese Phase seines Oeuvres so charakteristische Schwarz-Weiß-Kontrast dominiert.
Der 1926 von Leopold Bauer aufgestockte Bau ist derzeit ohne Funktion und befindet sich in baulich schlechtem Zustand.

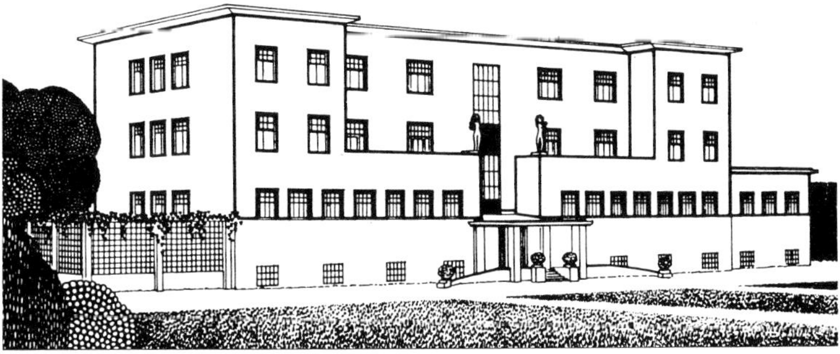

Sanatorium Purkersdorf, Entwurfperspektive

JUGENDSTIL IN WIENER MUSEEN

GALERIE IN DER STALLBURG
1, Reitschulgasse 2

Die 1903 auf Betreiben der Secession gegründete Sammlung bietet einen guten Überblick über die Entwicklung der kontinentaleuropäischen Malerei vom Klassizismus bis zum Expressionismus, u. a. sind hier Bilder von Ferdinand Khnopff, Ferdinand Hodler, Edvard Munch, Franz von Stuck oder Giovanni Segantini sowie Plastiken von Auguste Rodin, August Gaul und Constantin Meunier zu sehen.

HISTORISCHES MUSEUM DER STADT WIEN
4, Karlsplatz

Neben bedeutenden Werken der Wiener Malerei um 1900 (von Tina Blau, Josef Engelhart, Richard Gerstl, Ernst und Gustav Klimt, Carl Moll, Egon Schiele etc.) sind auch Objekte des Kunsthandwerks und Möbel (von Leopold Bauer, Kolo Moser, Otto Wagner) sowie das komplette Wohnzimmer von Adolf Loos (aus seiner Wohnung Wien 1, Bösendorferstraße 3) ausgestellt.

KUNSTHISTORISCHES MUSEUM
1, Burgring 5

Die Malereien der Zwickel unter dem Deckenfresko von Michael von Munkacsy im Hauptstiegenhaus wurden von Franz Matsch sowie Ernst und Gustav Klimt ausgeführt.

MUSEUM DES 20. JAHRHUNDERTS
3, Schweizer Garten

MUSEUM MODERNER KUNST PALAIS LIECHTENSTEIN
9, Fürstengasse 1

Den Schwerpunkt der Bestände bildet die Kunst der letzten 40 Jahre, doch ist auch die Klassische Moderne in hervorragenden Beispielen vertreten. Die Skulpturensammlung beinhaltet überdies einige Werke internationaler Künstler, die dem Jugendstil zugerechnet werden können (George Minne, Fernand Khnopff, Medardo Rosso oder Jan Stursa). Die österreichische Malerei der Zeit um 1900 ist u. a. durch Bilder von Gustav Klimt, Egon Schiele, Oskar Kokoschka und Kolo Moser vertreten.

ÖSTERREICHISCHE GALERIE
Oberes Belvedere
Prinz-Eugen-Straße 27

In der österreichischen Galerie des 19. und 20. Jahrhunderts sind österreichische Malerei und Plastik der Zeit um 1900 in ihren Spitzenleistungen repräsentiert. Hier finden sich Hauptwerke von Gustav Klimt, Egon Schiele und Oskar Kokoschka, von Richard Gerstl, Albin Egger-Lienz, Kolo Moser, Carl Moll etc. sowie Plastiken von Franz Barwig, Anton Hanak, Carl Wollek u. a.

ÖSTERREICHISCHES MUSEUM FÜR ANGEWANDTE KUNST
1, Stubenring 5

Die umfangreichen Sammlungen des 1863 gegründeten Museums (der Bau wurde 1870 von Heinrich von Ferstel errichtet und 1904 nach Plänen von Ludwig Baumann erweitert) beinhalten zahlreiche qualitätvolle Werke des Jugendstils: Abgesehen von Metallarbeiten, Gläsern und Textilien finden sich hier Möbel österreichischer (Leopold Bauer, Josef Hoffmann, Adolf Loos, Kolo Moser, Robert Oerley, Dagobert Peche, Otto Wagner etc.) und internationaler Künstler (Mackintosh, Van de Velde, Frank Lloyd Wright etc.), aber auch bedeutende Werke der Graphik, u. a. die Entwürfe Kolo Mosers für die Fenster der Steinhof-Kirche und die Gustav Klimts für den bekannten Mosaikfries im Palais Stoclet in Brüssel.

BIOGRAPHIEN

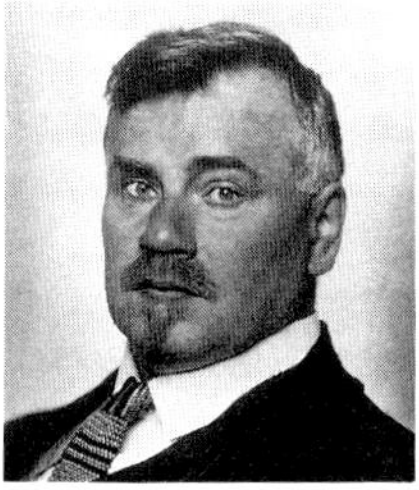

Leopold Bauer
(1. 12. 1872 – 7. 10. 1938)
Leopold Bauer stammte aus Jägerndorf in Schlesien und absolvierte zunächst die staatliche Bauschule in Brünn. Ab 1890 studierte er Architektur in Wien, zunächst bei Hasenauer, dann 1894 bis 1896 bei Otto Wagner, dessen bahnbrechende Ideen er in theoretischen Publikationen unterstützte. Später sagte sich Bauer vom Jugendstil, aber auch von der „Modernen" im Sinn der Wagner-Schule los und bekannte sich immer deutlicher zur Tradition, was seiner Berufung als Nachfolger Otto Wagners an der Akademie sicher förderlich war. Bauer errichtete in Wien neben einigen deutlich von englischen Vorbildern beeinflußten Landhäusern und Villen das Nationalbank-Gebäude am Otto Wagner-Platz (mit dem heute bestehenden Gebäude wurde nur ein Bruchteil einer ursprünglich großräumig konzipierten monumentalen Anlage verwirklicht). Im Auftrag von Viktor Zuckerkandl entstanden einige Bauten in Purkersdorf, wo er auch das Sanatoriumsgebäude von Josef Hoffmann aufstockte. Zu seinen bekanntesten nach dem Ersten Weltkrieg errichteten Bauten zählt der Vogelweidhof, Wien 15.

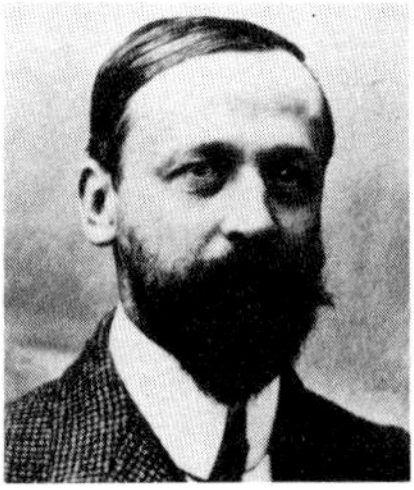

Max Fabiani
(29. 4. 1865 – 12. 8. 1962)
stammte aus Kobdil im heutigen Jugoslawien. Nach dem Architekturstudium in Wien und einem dreijährigen Reisestipendium arbeitete er zunächst im Atelier Otto Wagners und wurde dann Professor an der Technischen Hochschule in Wien. Fabiani fand sehr früh zu rationalen, außerordentlich fortschrittlichen Lösungen („Portois & Fix", 3, Ungargasse 59 – 61), entwickelte aber schon bald nach der Jahrhundertwende einen persönlich geprägten nachhistoristischen Stil. Charakteristisch ist seine Mittlerrolle zwischen

der Modernen und der Tradition; so war er einerseits künstlerischer Berater des konservativen Thronfolgers, andererseits vermittelte er Adolf Loos den ersten wichtigen Auftrag, die Gestaltung des Cafés Museum. Nach dem Ersten Weltkrieg leitete Fabiani das Wiederaufbauamt in Görz.

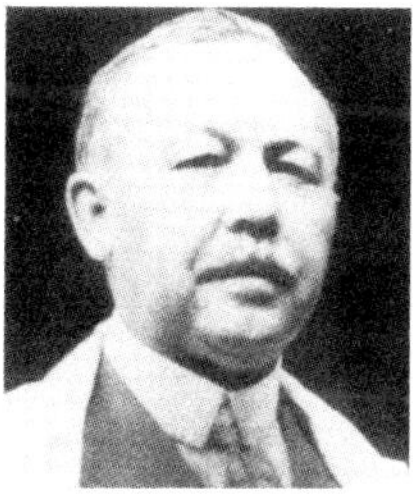

Hubert Gessner
(20. 10. 1871 – 29. 1. 1945)
1870 in Wallachisch-Klobouk, Mähren, geboren, absolvierte Gessner zunächst die Höhere Bauabteilung der K. k. Deutschen Staats-Gewerbe-Schule in Brünn, wo er dieselbe Klasse wie Adolf Loos besuchte, und gehörte dann als Student der Akademie der bildenden Künste in Wien dem ersten Jahrgang der Wagner-Schule an. Im letzten Jahr arbeitete er im Atelier des Lehrers. Zu seinen ersten wichtigen Wiener Bauten gehörte das Arbeiterheim in Favoriten (1902). Gessner war mit Victor Adler gut befreundet und erhielt von der Sozialistischen Partei und ihr nahestehenden Institutionen eine Reihe wichtiger Aufträge, u. a. für das Haus des Vorwärts-Verlages. Gleichzeitig entstanden in seinem Atelier, das er bis 1912 gemeinsam mit seinem jüngeren Bruder Franz führte, aber auch Entwürfe für Industrieanlagen, Wohnhäuser, Villen und Hotelbauten. Nach dem Ersten Weltkrieg plante Gessner den Metzleinstaler Hof, der den Beginn der enormen Wohnbautätigkeit des „Roten Wien" markierte. Einige der architektonisch bedeutendsten und auch größten der in der Folge verwirklichten kommunalen Bauvorhaben, wie der Reumannhof, der Lassallehof oder der Karl-Seitz-Hof, wurden von ihm projektiert.

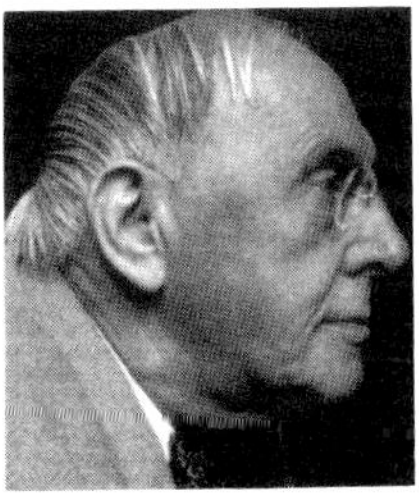

Josef Hoffmann
(15. 12. 1870 – 7. 5. 1956)
Josef Hoffmann wurde im böhmischen Pirnitz geboren. Nach einer Ausbildung an der Staatsgewerbeschule in Brünn wird er an der Wiener Akademie zunächst Schüler Hasenauers, dann Otto Wagners. 1897 ist er einer der Mitbegründer der Secession, zwei Jahre später wird er

als Professor an die Wiener Kunstgewerbeschule berufen. Sein Frühwerk ist deutlich von der kurvilinearen westeuropäischen Art nouveau inspiriert, doch findet er unter dem Einfluß der modernen Strömungen in England und Schottland um die Jahrhundertwende zu einem eigenen puristischen Stil, bei dem einfache geometrische Grundformen wesentliche Gestaltungselemente werden („Quadratl-Hoffmann"). Dieser „puritanische", farblich bisweilen auf Schwarz-Weiß-Kontraste beschränkte Stil wird noch in den Jahren vor dem Ersten Weltkrieg um ein stilisiert-klassizistisches Formenvokabular erweitert, wobei bewußt auf die heimische Biedermeiertradition zurückgegriffen wird. Auch für die Entwicklung des Wiener Kunsthandwerks spielte Josef Hoffmann als Mitbegründer und maßgeblicher Exponent der Wiener Werkstätte (gegründet 1903) bis in die dreißiger Jahre eine wesentliche Rolle.

Adolf Loos
(10. 12. 1870 – 23. 8. 1933)
Der 1870 in Brünn als Sohn eines Steinmetzen geborene Loos studierte an der polytechnischen Hochschule in Dresden Architektur und verbrachte dann drei seine Weltanschauung und sein architektonisches Schaffen prägende Jahre in den USA. Nach Wien zurückgekehrt, arbeitete er

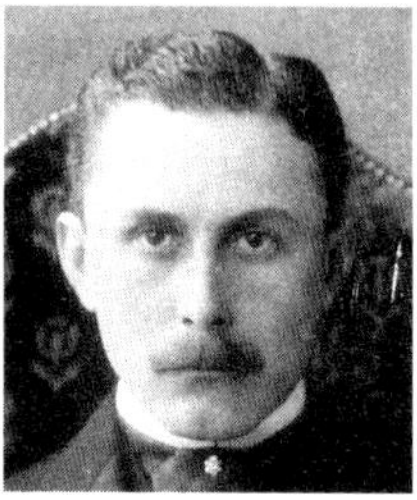

zunächst als Innenarchitekt und wurde mit dem radikal einfach gestalteten Café Museum (von den Zeitgenossen „Kaffee Nihilismus" genannt) bekannt. Das eigentliche bauliche Schaffen war neben dem Loos-Haus auf relativ wenige Villenbauten beschränkt. (Dazu kommt noch die Mitarbeit an Gemeindebauten und Siedlungsprojekten in der Nachkriegszeit.) Im Inneren verwirklichte Loos häufig sein Konzept vom „Raumplan": Die starren Geschoßebenen werden aufgehoben, indem zahlreiche Zwischenniveaus unterschiedlicher Höhe geschaffen werden, „sodaß sich auch in der Vertikalen ein räumliches Kontinuum ergibt, das dreidimensional erlebt werden kann" (Feuerstein). Loos lehnte sowohl den Historismus als auch den Jugendstil und dessen Anspruch auf die gesamtkunstwerkhafte Durchdringung aller Lebensbereiche scharf ab. Seine brillant geschriebenen Aufsätze, in denen er sich auf höchstem theoretischem Niveau zu grundsätzlichen architektonischen Problemen mit ebenso großem Engagement äußerte wie zu scheinbar banalen Fragen der Tisch- und Bekleidungskultur, erschienen in den Sammlungen „Ins Leere gesprochen" und „Trotzdem".

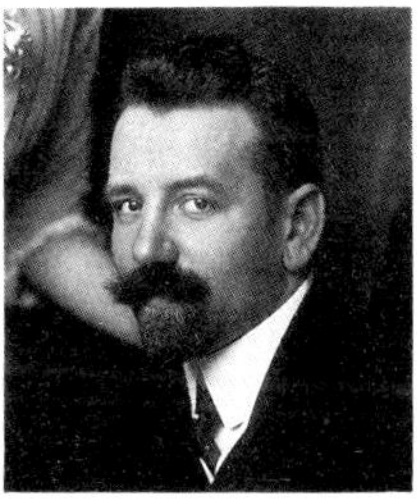

Robert Oerley
(24. 8. 1876 – 15. 11. 1945)
Der geborene Wiener erlernte zunächst das väterliche Tischlerhandwerk und studierte gleichzeitig Graphik an der Kunstgewerbeschule. Als Architekt war er Autodidakt, erwarb aber die Baumeisterbefugnis. Oerley blieb stets dem Handwerklichen verbunden, äußerte sich aber auch theoretisch zu Fragen des modernen Möbelbaus, wobei die Forderung nach Brauchbarkeit und Materialechtheit im Vordergrund stand. Als Baukünstler entwarf er eine Reihe von Villen im Währinger Cottage und in Hietzing; der Bau des Sanatoriums Auersperg (8, Auerspergstraße 8) zählt zu den zukunftsweisendsten Beispielen moderner Architektur in Österreich. Nach dem Ersten Weltkrieg entstanden einige Gemeindebau- und Siedlungsanlagen (u. a. der George-Washington-Hof in Meidling) im Auftrag der Stadt Wien; wie Clemens Holzmeister war Oerley aber auch in Ankara (als Chef der städtischen Baudirektion) tätig.

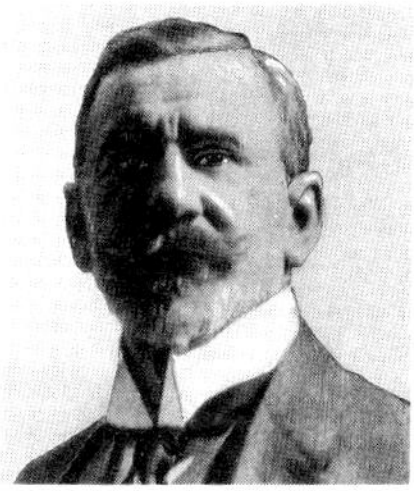

Friedrich Ohmann
(21. 12. 1858 – 6. 4. 1927)
Der in Lemberg geborene Ohmann studierte an der Technischen Hochschule und an der Akademie der bildenden Künste in Wien. 1889 – 1898 unterrichtete er in Prag, wo er auch als Architekt tätig war. Von 1899 bis 1907 leitete er den Bau der Neuen Hofburg in Wien, ab 1904 war er Professor an der Akademie der bildenden Künste. Ohmann vertrat einen gemäßigten, teils noch den späthistoristisch-barocken Traditionen verpflichteten Jugendstil. Zu seinen Hauptwerken zählen die gartenkünstlerischen Arbeiten im Stadtpark und im Volksgarten.

Josef Maria Olbrich
(22. 11. 1867 – 8. 8. 1908)
Olbrich gilt neben Josef Hoffmann als der wichtigste Schüler Otto Wagners, er mag teilweise auch auf das Schaffen seines

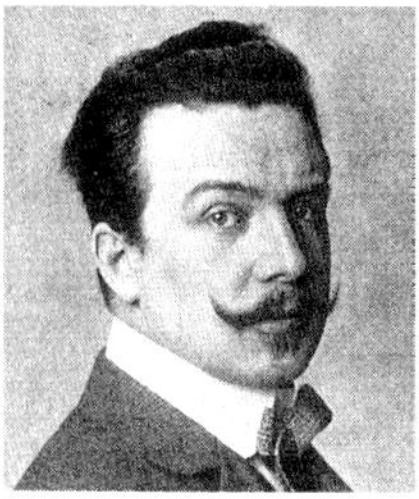

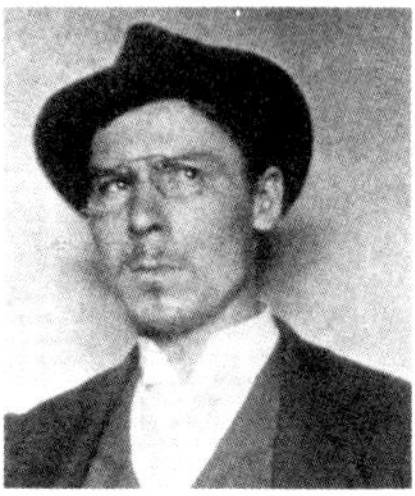

Lehrers inspirierend gewirkt haben. Ab 1893 arbeitete er im Atelier Otto Wagners, wobei er als Projektleiter des Stadtbahnbaues an der künstlerischen Außengestaltung einiger Stationsgebäude (u. a. des Kaiserpavillons) maßgebend beteiligt war. Olbrich hat in Wien nur wenige Bauten hinterlassen, da er 1899 von Ernst Ludwig, dem Großherzog von Hessen, nach Darmstadt berufen wurde. Dort schuf er unter anderem die meisten Bauten der berühmten Künstlerkolonie Mathildenhöhe. Sein letztes Werk ist das Warenhaus Tietz in Düsseldorf.

Josef Plečnik
(23. 1. 1872 – 7. 1. 1957)
Der in Laibach geborene Josef Plečnik wurde in Graz als Tischler und Möbelzeichner ausgebildet. 1894 übersiedelte er nach Wien und wurde Schüler und Mitarbeiter Otto Wagners. Auf Grund seiner architektonischen Leistungen, die mit dem aufsehenerregenden „Zacherlhaus" kulminierten, sollte er 1912 zum Nachfolger Wagners an der Akademie berufen werden, was jedoch von höherer Stelle verhindert wurde. Nach dem Ersten Weltkrieg arbeitete er in Laibach und Prag, wo er die Restaurierungsarbeiten am Hradschin leitete. Sein umfangreiches Oeuvre in Jugoslawien und der Tschechoslowakei ist u. a. auch im Hinblick auf die städtebaulichen Bezüge und die große Sensibilität gegenüber dem historischen Bestand von hervorragender Bedeutung.

Otto Wagner
(13. 7. 1841 – 11. 4. 1918)
Otto Wagner wurde in Penzing geboren, er studierte in Berlin und Wien Architektur; zu seinen Lehrern zählten unter anderen die Erbauer der Wiener Oper, Sicardsburg und Van der Nüll. In jungen Jahren errichtete Wagner zu Spekulationszwecken eine große Zahl von Miethäusern und erwarb sich so ein ansehnliches Vermögen. Ab der Mitte der siebziger Jahre beteiligte er sich dann erfolgreich an internationalen Wettbewerben. Große Beachtung fanden auch die Festdekorationen, die er 1879 für den „Makartfest-

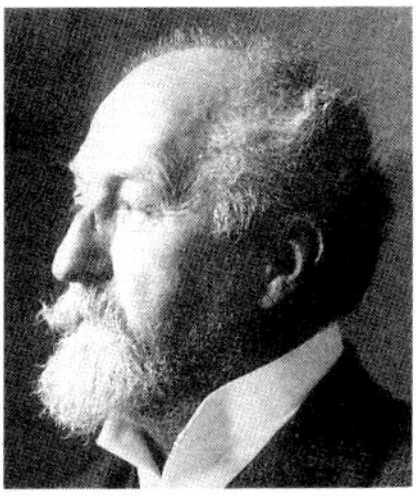

zug“ anläßlich der silbernen Hochzeit des Kaiserpaares entworfen hatte. 1880 entstand das spektakuläre Artibus-Projekt für einen Museumsbezirk von gewaltigen Ausmaßen. Im folgenden Jahrzehnt errichtete Wagner Bauten wie das „Hosenträgerhaus“ (9, Garnisongasse 1) oder die Länderbank (1, Hohenstaufengasse 3), die noch historistische Formen zeigen, aber hinsichtlich Raumökonomie, Funktion und Konstruktion bereits außerordentlich „modern“ konzipiert sind. Wagners Beitrag zum Wettbewerb des Generalregulierungsplanes verhalf ihm mittelbar zu den Großaufträgen für Stadtbahnbau und Donaukanalregulierung, die er 1894 erhielt. Im selben Jahr übernimmt er die nach dem Tode Hasenauers vakant gewordene Professur an der Akademie und wird damit zum Begründer der „Wagner-Schule“, aus der eine Fülle außergewöhnlicher Architektenpersönlichkeiten hervorgehen sollte. 1895 erscheint sein Buch „Moderne Architektur“, in dem er seine Thesen mit dem Kernsatz „artis sola domina necessitas“ (Die einzige Herrin der Kunst ist die Nützlichkeit) der Öffentlichkeit präsentierte. Die 1898 errichteten Häuser an der Linken Wienzeile erregten allgemeines Aufsehen; sie bilden den spektakulären Höhepunkt der frühen Jugendstilarchitektur in Wien. Sein Spätwerk zeigt dagegen größere Klarheit und Geschlossenheit in der Form sowie eine konsequentere Anwendung seiner funktionalistischen Postulate. Die letzten Bauten Otto Wagners gelten als Marksteine auf dem Weg zur Modernen Architektur.

Namenregister der Architekten

Namenregister bildender Künstler

LITERATURANGABEN

Franco Borsi – Ezio Godoli, Wiener Bauten der Jahrhundertwende, Stuttgart 1985
Max Fabiani 1865 – 1962, Ausstellungskatalog, Wien 1982
Giovanni Fanelli – Ezio Godoli, La Vienna di Hoffmann, architetto della qualità, Rom 1981
Günther Feuerstein, Wien, heute und gestern, Architektur – Stadtbild – Umraum, Wien 1977
Heinz Geretsegger – Max Peintner, Otto Wagner 1841 – 1918. Unbegrenzte Großstadt, München 1980
Otto Antonia Graf, Otto Wagner, 2 Bde., Wien 1985
Benedetto Gravagnuolo, Adolf Loos, theory and works, Mailand 1982
Géza Hajós, Hans Prutscher und einige Probleme der Wiener Architektur vor dem Ersten Weltkrieg, in: Mitteilungen der Gesellschaft für vergleichende Kunstforschung in Wien, 30, 1978, Nr. 1, 5f
Otto Kapfinger – Adolf Krischanitz, Die Wiener Sezession, Wien 1986
Rudolf Kolowrath, Ludwig Baumann, Wien 1985
Kunsthistorische Arbeitsgruppe GeVAG, Wiener Fassaden des 19. Jahrhunderts, Wien 1976
Le arti a Vienna, Ausstellungskatalog, Mailand 1984
Ákos Moravánskzy, Die Architektur der Donaumonarchie, Berlin 1988
Ákos Moravánszky, Die Erneuerung der Baukunst, Salzburg 1988
Österreichische Kunststopographie, Bd. XLIV, Die Kunstdenkmäler Wiens, die Profanbauten des III., IV. und V. Bezirkes, Wien 1980
Gustav Peichl (Hg.), Die Kunst des Otto Wagner, Wiener Akademie-Reihe 16 (Ausstellungskatalog), Wien 1984
Maria Pötzl-Malikowa, Die Plastik der Ringstraße, Künstlerische Entwicklung 1890 – 1918, Wiesbaden 1976
Marco Pozetto, Die Schule Otto Wagners 1894 – 1912, Wien 1980
Damjan Prelovsek, Josef Plečnik, Wiener Arbeiten von 1896 – 1914, Wien 1980
Burkhard Rukschcio – Roland Schachel, Adolf Loos. Leben und Werk, Wien 1982
Roland Schachel, Das Großstadtmiethaus des Wagnerkreises. Diss., TU Wien 1977
Karl Schwanzer (Hg.), Wiener Bauten 1900 bis heute, Wien 1964
Werner J. Schweiger, Wiener Werkstätte, Wien 1982
Eduard F. Sekler, Josef Hoffmann. Das architektonische Werk, Salzburg 1982
Jan Tabor, Wiener Baukünstler der ersten Hälfte des 20. Jahrhunderts, in: „Wien aktuell" 1983 – 1985
Ottokar Uhl, Moderne Architektur in Wien, Wien 1966
Otto Wagner, Das Werk des Architekten, Ausstellungskatalog, Historisches Museum der Stadt Wien, Wien 1963
Renate Wagner-Rieger, Wiens Architektur im 19. Jahrhundert, Wien 1970
Manfred Wehdorn, Baudenkmäler der Technik und Industrie in Österreich, Bd. 1, Wien 1984